幼儿园玩教具设计与制作

王微丽 ◎ 主编

中国轻工业出版社

图书在版编目(CIP)数据

幼儿园玩教具设计与制作/王微丽主编.—北京：中国轻工业出版社，2022.9
ISBN 978-7-5184-3996-6

Ⅰ.①幼… Ⅱ.①王… Ⅲ.①幼儿园-自制玩具 ②幼儿园-自制教具 Ⅳ.①G614

中国版本图书馆CIP数据核字（2022）第085786号

保留所有权利。非经中国轻工业出版社"万千教育"书面授权，任何人不得以任何方式（包括但不限于电子、机械、手工或其他尚未被发明或应用的技术手段）复印、拍照、扫描、录音、朗读、存储、发表本书中任何部分或本书全部内容，以及其他附带的所有资料（包括但不限于光盘、音频、视频等）。中国轻工业出版社"万千教育"未授权任何机构提供源自本书内容的电子文件阅览、收听或下载服务。如有此类非法行为，查实必究。

总策划：石　铁
策划编辑：吴　红　　责任终审：张乃柬　　责任校对：万　众
责任编辑：牟　聪　　责任监印：刘志颖

出版发行：中国轻工业出版社（北京东长安街6号，邮编：100740）

印　　刷：三河市双升印务有限公司

经　　销：各地新华书店

版　　次：2022年9月第1版第1次印刷

开　　本：710×1000　1/16　印张：17.75

字　　数：120千字

印　　数：1—5000

书　　号：ISBN 978-7-5184-3996-6　定价：72.00元

读者热线：010-65181109，65262933

发行电话：010-85119832　传真：010-85113293

网　　址：http://www.chlip.com.cn　http://www.wqedu.com

电子信箱：1012305542@qq.com

如发现图书残缺请拨打读者热线联系调换

220180Y1X101ZBW

本书编者

主　编：王微丽
副主编：卓瑞燕　何红漫
编写组：卓瑞燕　戴文婷　舒　慧　谭　璐　邱丞骏　温　娜　敬　贞
　　　　何红漫　王微丽　饶映灵　边涟漪　陈铃钰　廖东妮　侯瑞琴
　　　　李慧萍　朱文静　丘锐珍　刘　微　詹根茹　陈彩霞　杨润琪
　　　　朱敏婕　叶欣欣　刘嫦婷　赵祎琳　刘新花　谭　燕

前言一

《幼儿园玩教具设计与制作》的完稿让我非常惊喜！因为，这本书由成立近两年的深圳市光明区科裕幼儿园教师团队亲身实践研发、整理、书写完成。

该园是受深圳市教育局安排，由深圳市莲花二村幼儿园（以下简称"莲花二幼"）外派管理团队，与光明区教育局合作承办的一所区属新开办的公立幼儿园，于2020年7月份正式成立。开办以来，科裕幼儿园秉承"科颗仁爱心，裕育勃生机"的办园宗旨，"启智追光，明心培根，幼教循科，裕德树人"的办园理念，围绕共情文化，旨在创办一所有雅情环境、温情管理、融情团队、怡情课程，浸润仁爱、生命充裕的幸福乐园，培养"文明、自信、有个性、会学习、敢创新"的健康儿童。目前，科裕幼儿园正经历着"借鉴—融合—创新"的园本课程建设过程，正以"莲花课程"为基盘，借力于莲花二幼课程中心教师的指导，开展具有系统性的项目式园本教研，让"莲花课程"在科裕幼儿园中生成、生长，成为浸透光明区地域特色及科裕团队气质的"雅情课程"。

回顾这一年，科裕幼儿园体验了太多的第一次：迎来第一批师生，经历第一次环境创设活动、第一次督导评估、第一次健康促进园验收，为孩子举办第一次生态日、奔跑时、泡泡节、毕业季……平常而点滴的"第一次"汇聚成了精彩的"科裕故事"，孩子们在经历许许多多"第一次"的过程中收获了"有故事的生活，有趣味的童年"。而唯有教师们在科裕幼儿园中开始的第一次玩教具研发与制作之旅，与以往有那么些不同，这一过程因为有文字记录和表述，便有了教师的思想，使教师更快地收获了专业的提升，这一行动本身也许会对许多年轻的学前教育工作者有所启发和激励……

在办园之初，科裕幼儿园垫高起点，在模仿、借鉴"莲花课程"区域材料设计与评价的基础上，结合时代的进步和幼儿的发展需求，开启了新园玩教具设计与制作探索，空空的教室给了年轻的教师团队无限发挥创意与灵感的机会……为了快速提升教师的专业能力，我们本着"好记性赛不过烂笔头"的常训，要求教师以书写记录自己研发与制作的过程，进而有了动意出版的构思与撰写。在莲花二幼课程中心主任何红漫老师的悉心引领下，从研发、制作到书写，教师们经历了无数次的反复，无数次的推翻重来，无数次的打破与调整。今天，《幼儿园玩教具设计与制作》一书终于成型，它记录了幼儿园玩教具从无到有、从缺少到丰富的全过程，能够帮助年轻教师理解玩教具制作的切入点及方法、原理，为新开办幼儿园及刚从业教师提供玩教具研发与制作的参考蓝本，对提升广大教师对玩教具设计与制作的能力及创新力有一定的帮助。

在本书的撰写过程中，编者始终从一线教师的角度思考着：对于学前教育专业的学生或新教师，面对空空的教室，她们该如何开始玩教具的设计与制作？如何利用身边的物质资源创设适合幼儿身心发展的空间环境？全书分为"理论篇"与"实践篇"两个部分。

理论篇共三章，第一章为幼儿园玩教具的概述，阐述了玩教具的概念及内涵、中国幼儿园玩教具的发展、幼儿园玩教具的意义。

第二章为玩教具的设计依据与原则，主要从文化视角、幼儿视角、领域视角、物件视角阐述了玩教具的设计依据，从可玩性原则、互动性原则、适宜性原则、安全性原则、教育性原则、科学性原则、创新性原则、简易性原则阐述了玩教具的设计原则。

第三章为玩教具的制作策略与方法，主要从玩教具的制作材料、工具、流程与方法几个方面阐述。

实践篇为玩教具设计与制作的案例部分。该篇共六章，针对六个领域，分别以数个案例来阐述玩教具设计与制作过程。每个案例都从玩教具的构思、材料准备、玩教具制作流程、注意事项等几个方面进行阐述，旨在通过案例更好地阐释理论部分的内容，也使读者更好地借鉴实际开展玩教具设计与制作的方法，从而受到启发或延伸。

感谢一直对科裕幼儿园给予关注、支持和帮助的光明区各级领导及幼教同人，他们的鼓励和欣赏给予了我们莫大的勇气和动力；感谢深圳市莲花二村幼儿园何红漫老师的无私赐教和果敢而专业的引领，她的信任是科裕团队自信的力量；感谢科裕幼儿园卓瑞燕园长的勇敢与担当，在短短的一年时间里带着情愫，给年轻的团队注入了"务实、极致、创新"的莲花基因，深得孩子和家长爱戴；感谢科裕幼儿园教师们的辛勤付出，他们对幼教的热爱与赤诚一直感动着我，他们勇于承担，不畏困难，迎接挑战的精神使我倍感自豪，我为虽略显青涩但努力成长的他们而骄傲。

由于编者团队年轻，本书中难免有不足之处，敬请您不吝赐教，我代表所有编者由衷感谢！

凡是过往，皆为序章，行而不辍，未来可期，愿科裕幼儿园继续秉持"让孩子在幼儿园的每一天快乐且有价值"的教育承诺，怀揣办好人民满意教育的理想不断前行。

深圳市莲花二村幼儿园园长　王微丽

2022年4月

前言二

深圳市光明区第四幼教集团核心园科裕幼儿园是在光明区引进深圳市市属优质幼儿园、为促进光明区学前教育优质均衡发展的合作办学行动中诞生的。科裕幼儿园引进深圳市莲花二村幼儿园的课程理念、管理团队、校园文化、优秀师资等资源，以高起点探索学前教育发展新途径，从而打造高质量学前教育的"光明新样态"。

2020年7月，带着深圳市莲花二村幼儿园的信任，带着光明区教育局的期望，我与莲花二村管理团队走进了科裕幼儿园，站在仍是毛坯房的园所前，看着眼前设计的园所蓝图，一系列问题引发我与团队深入而持续地思考：如何借鉴"莲花课程"的高起点来建构科裕自己的课程？如何让走入幼儿园的每一位教师在这里有不一样的发展？如何让进来的每一个孩子快乐且有价值地成长？当第一批教师带着希望与热情、带着青春与梦想走进园所时，看着这些向光而来、慕明前行的年轻团队，"为光明区带出一支优秀的教师队伍，建构出一种适宜的光明区域性的课程模式，办出一所优质特色幼儿园"成为我们的团队奋斗与追求的目标。

栉风沐雨，薪火相传。我们传承莲花基因，以莲花二村幼儿园课程为基石，以区域材料为重要抓手，借鉴莲花二村幼儿园的项目式园本教研模式。在2020年12月，在开园不到三个月时，我们围绕区域环境创设、材料制作、教师指导等开展了4个教研项目、26次园本教研。在后续的各个阶段，我们又持续推进了更多的教研项目。年轻、好学、上进的教师团队经历了课程理论学习、实践借鉴模仿、研究反思调整，他们在学习中成长，在成长中推动园所课程发展，并使园所课程初具雏形。

筚路蓝缕，玉汝于成。2021年3月，随着园所课程的不断突破，我园教师从区域材料模仿制作突破到个性化玩教具自创。他们传承并发扬莲花二村幼儿园"严谨、精致、高品、卓越"的工作作风，不断创新，追求完美，追求极致，认真、钻研、精进的制作风格内化为团队中每一个人的工作气质，推动科裕幼儿园取得日新月异的发展。2021年12月，在深圳光明区"幼有善育——看见儿童"主题系列展示中，科裕幼儿园在优质园中第一个公开亮相，园所以"看见儿童的区域和材料"为主题展示全园活动，通过现场与网络同步直播，让同行看到了一个迅速崛起且可持续发展的新型幼儿园。"小荷才露尖尖角，早有蜻蜓立上头"，在不到两年的时间里，科裕幼儿园在莲花课程的土壤上开出了有着自己样态的绚丽花朵，结出了蕴含自己特点的新果实。2021年11月29日，以科裕幼儿园为核心园的光明区第四幼教集团正式揭牌，下辖光明区光明壹号幼儿园、光明科语幼儿园。2021年12月，光明区成立第四学区联盟，科裕幼儿园成为盟主园，引领第四学区内的15所幼儿园协同发展，集团与学区联盟的成立标志着科裕幼儿园从此进入一个全新的发展阶段。2021年12月，我个人申报的光明区"卓瑞燕教科研专家工作室"也获批成立。

春发其华，秋收其实。每一次艰辛都是一次成长，每一份付出都将有所收获。2020年9月，莲花二村幼儿园承担了《幼儿园玩教具设计与制作》一书的撰写任务，该园因园所重建而无法提供教学现场，而科裕幼儿园在新园开办的过程中，年轻教师自制了大量的创新性玩具，并得到了王微丽园长及何红漫老师的欣赏。由此，这所诞生不久的新园有幸承担了书稿的撰写工作，当时作为园长的我有一份被信任的喜悦，也为能否优质地完成任务而忐忑，但有王微丽园长的陪伴与指导，有何红漫老师的全程引领，我的内心便有了力量。

此刻，当完整的书稿呈现在我的面前时，我忽然顿悟，近两年来教师们研发、制作、梳理、书写的过程，不仅是他们开发与制作适宜的玩教具的成长过程，也是他们学习梳理和记录幼儿活动、总结和提升教育经验的过程，还是他们思考如何从儿童的视角去发现儿童的需要、理解儿童的活动特点、科学支架儿童发展的过程，更是他们理解项目式教研，将理论推进到有效实践，促进园所取得"别样"而"充裕"收获的过程！

在此，我要感谢深圳市光明区教育局及教育科学研究院领导对学前教育的大力支持与关心，让科裕的年轻团队有了专业展示的平台，坚定了我们前进的目标。

感谢深圳市莲花二村幼儿园王微丽园长、何红漫老师的信任和悉心指导，让我们在研究中收获了专业自信与成果。

感谢中国轻工业出版社"万千教育"编辑部吴红主任的信任与全程指引，让科裕幼儿园有机会回首过往路，梳理、总结课程经验，为课程的科学发展提供了特别的机会与平台。

最后，要感谢深圳市光明区科裕幼儿园的全体教职工及工作室的全体同伴，因为他们的辛勤努力与倾情付出，才有了今天的智慧结晶。

回首过往，皆为序章，如今征程再起，深圳市光明区第四幼教集团将聚力前行，以奋斗者的姿态赶超奔跑，做不负光明教育的追梦人。

感谢有您，感恩遇见！

深圳市光明区第四幼教集团总园长　卓瑞燕

2022 年 4 月

目　录

理论篇

第一章　幼儿园玩教具概述 ·············· 3

第一节　幼儿园玩教具的概念与内涵 ·············· 4
一、幼儿园玩教具的概念 ·············· 4
二、幼儿园玩教具的内涵 ·············· 6

第二节　中国幼儿园玩教具的发展 ·············· 8
一、中国传统儿童玩具 ·············· 9
二、近代中国幼儿园玩教具 ·············· 13
三、现代中国幼儿园玩教具 ·············· 17

第三节　幼儿园玩教具的意义 ·············· 21
一、玩教具与幼儿成长 ·············· 21
二、玩教具与教师的发展 ·············· 25

第二章　玩教具的设计依据与原则 ·············· 27

第一节　幼儿园玩教具设计依据 ·············· 28
一、基于文化视角 ·············· 28
二、基于幼儿视角 ·············· 33
三、基于领域视角 ·············· 40

四、基于物件视角 ·· 45

第二节　玩教具的设计原则 ·· 53
一、可玩性原则 ·· 53
二、互动性原则 ·· 54
三、适宜性原则 ·· 54
四、安全性原则 ·· 55
五、教育性原则 ·· 56
六、科学性原则 ·· 56
七、创新性原则 ·· 57
八、简易性原则 ·· 58

第三章　玩教具制作策略与方法 ·· 61

第一节　玩教具的制作材料 ·· 62
一、玩教具制作材料来源 ·· 62
二、玩教具制作材料类型 ·· 63

第二节　玩教具制作的工具 ·· 69
一、电动工具类 ·· 70
二、手动工具类 ·· 71
三、测绘工具类 ·· 71
四、其他类 ·· 72

第三节　玩教具制作流程与方法 ·· 72
一、玩教具的制作流程 ·· 72
二、玩教具的制作方法 ·· 74

实践篇

第四章　健康领域玩教具设计与制作 ··· 83
　　一、健康领域内涵 ··· 84
　　二、健康领域目标 ··· 85
　　三、健康领域玩教具框架 ··· 85
　　四、健康领域经典玩教具实例 ··· 86

第五章　语言领域玩教具设计与制作 ··· 115
　　一、语言领域内涵 ··· 116
　　二、语言领域目标 ··· 117
　　三、语言领域玩教具框架 ··· 117
　　四、语言领域经典玩教具实例 ··· 118

第六章　社会领域玩教具设计与制作 ··· 145
　　一、社会领域内涵 ··· 146
　　二、社会领域目标 ··· 147
　　三、社会领域玩教具框架 ··· 147
　　四、社会领域经典玩教具实例 ··· 148

第七章　科学领域玩教具设计与制作 ··· 173
　　一、科学领域内涵 ··· 174
　　二、科学领域目标 ··· 175
　　三、科学领域玩教具框架 ··· 175
　　四、科学领域经典玩教具实例 ··· 176

第八章　数学领域玩教具设计与制作 ………………………… 203

  一、数学领域内涵 ……………………………… 204
  二、数学领域目标 ……………………………… 205
  三、数学领域玩教具框架 ……………………… 205
  四、数学领域经典玩教具实例 ………………… 206

第九章　艺术领域玩教具设计与制作 ………………………… 233

  一、艺术领域内涵 ……………………………… 234
  二、艺术领域目标 ……………………………… 234
  三、艺术领域玩教具框架 ……………………… 235
  四、艺术领域经典玩教具实例 ………………… 236

后记 …………………………………………………………… 263
参考文献 ……………………………………………………… 265

理论篇

第一章

幼儿园玩教具概述

📖 本章导读

我玩过的那些玩教具!

在一次关于玩教具的研讨会议上,教师们纷纷兴致勃勃地回忆起自己小时候玩过的玩具和游戏。有的教师说自己小时候喜欢和小伙伴玩扔沙包;有的教师说自己喜欢玩跳房子;有的教师表示自己喜欢和小朋友玩"斗鸡",感觉非常刺激;有的教师表示自己喜欢玩跳皮筋,并且配上童谣"马兰开花";有的教师提出了自己喜欢"打弹珠""抓石子""拍元宝"……这时,一位教师提出可以将传统的玩教具中的有关元素融入现在的玩教具设计与制作中,为幼儿提供更多既传承文化又趣味十足的玩教具……大家聊得不亦乐乎。

儿时的玩教具勾起了教师们的童年回忆,也使大家在设计与制作玩教具的过程中有了新的启发。玩教具随着历史的发展在不断地发展与演进,在不同的历史时期,玩教具的种类和特点也不同。了解玩教具的相关概念、内涵、意义和发展历程,有助于教师正确地看待玩教具,厘清玩教具的意义与价值,挖掘传统玩教具的趣味元素,将其融入现代玩教具的设计与制作中,使玩教具成为幼儿学习和游戏的好伙伴。

游戏是幼儿生活的重要组成部分，玩具是幼儿游戏的重要媒介，幼儿园的玩教具是幼儿教育中的重要学习资源。在本章中，我们从明晰玩教具的概念、理解玩教具的内涵开始，回顾我国玩教具的发展历史，串起犹如一颗颗明珠的优秀传统玩教具，在独特的民俗文化和人文精神中感受中国人的文化追求和智慧。从古至今，玩教具寄托和体现了人们对儿童的德、智、体、美、劳等方面的期望和培育，经过历史沉淀的现代玩教具，不仅对儿童的身心发展有着重大的意义，也对文化传承起着重要的作用。

第一节　幼儿园玩教具的概念与内涵

幼儿的成长离不开游戏，他们将大部分的时间都花在游戏上，并且大多数的游戏都需要通过媒介才能变得更加有趣和生动。例如：对于民间游戏"跳房子"，各地有不同的跳法，既可以使用沙包丢掷，也可以不用沙包。当使用沙包开展游戏时，可以采用正向丢、反向丢、捡沙包、越过沙包等玩法，为"跳房子"这个游戏增添了许多新意和乐趣。

在这里，"沙包"就是媒介。我们知道沙包在不同的游戏情境中有不同的玩法，那么这里的"沙包"是玩具，还是教具？玩具和中小学中常提起的教具有什么不同？幼儿园里的教具和学具是什么样子的？玩具和玩教具有什么关系？玩教具和教玩具有什么不同？……相信诸如此类的疑问或多或少地困扰过我们，厘清这些概念与概念之间的关系，能帮助我们理解本书的核心概念——"玩教具"，进一步思考和窥见我国的社会变迁和教育价值的转向。

一、幼儿园玩教具的概念

游戏是幼儿的基本活动，玩具是游戏的物质基础。因此，要了解幼儿园玩教具，可以先从了解"玩具"开始。

（一）玩具

鲁迅先生说："游戏是儿童最正当的行为，玩具是儿童的天使。"简单来说，玩具泛指可以供人们玩耍的物品，主要对象是儿童。我国玩具的历史源远流长，早在新石器时代就出现了陶做的小玩意儿。东汉王符所著的《潜夫论·浮侈》中就有关于玩具的文字记载，将其描述为"戏弄小儿之具"。《汉语大词典》将玩具解释为"供玩耍游戏的器物"。著名儿童教育家陈鹤琴认为将街坊上所卖的供儿童玩的东西界定为玩具是不太恰当的，他认为玩具不仅是供儿童玩笑、快乐的，还含有科学游戏的性质。[1] 而北京师范大学刘焱教授进一步提出，对于幼儿来说，玩具可以是任何东西。幼儿根据自己的意愿操作、探索他们触手可及的每一件东西进行游戏，这些东西都是可玩的玩具。通常把成人专门为儿童制作的、供儿童游戏之用的物品称为玩具，以区别于自然的、非专门制作的游戏材料。[2]

随着时代的发展，众多解释和定义中的"玩具"的内涵和外延都在不断丰富与扩展。一方面，不管如何定义，"可玩性"是玩具的本质特征；另一方面，玩具作为幼儿教育和幼儿游戏的物质基础，其"教育性"逐渐被强调。

虽然玩具面向的人群主要为儿童，但它不是儿童的专用品。例如古代的蹴鞠、投壶、抖空竹，现代的魔方、指尖飞碟、滑板都并非儿童专属。玩具的来源和功能多样，可以用作人们消遣娱乐、家庭陈设等方面的物品，但主要的消费和使用对象为儿童，因此本书探讨的玩具主要是儿童玩具。

（二）幼儿园玩教具

幼儿园的玩具，主要用来游戏和玩耍，但随着社会的发展，玩具的开发和使用蕴含了越来越多的成人希望幼儿通过玩具获取的知识和能力。即使游戏本身就有学习，但特定的社会文化、教育价值取向以及人们对幼儿的期望并不能完全通过游戏获取。在此背景下，"玩具"一词不足以概括幼儿园里所有的教育资源和材料。

---

[1] 陈鹤琴.儿童心理之研究（卷上）[M].上海：商务印书馆，1925：322.
[2] 刘焱.儿童游戏通论[M].北京：北京师范大学出版社，2008：53.

随着社会发展和人才培养的需要，玩具的"教育性"被逐渐强调。北京师范大学刘焱教授提出"教育性玩具"的概念，认为教育性玩具"以帮助幼儿学习和理解某种知识、概念和原理为目的"[1]，例如常见的七巧板、纸杯电话、万花筒、积木等。这种教育性玩具力求将玩具的教育性和可玩性相融合，以达到教育幼儿、发展幼儿能力的目的，玩教具就是在此基础上产生的。因此，我们可以将幼儿园里使用的教学用具、游戏材料等物品称为玩教具，包括教具、学具和玩具。

幼儿园玩教具是幼儿在幼儿园里进行游戏活动的物质基础。《幼儿园教育指导纲要（试行）》（以下简称《纲要》）中要求教师："提供丰富的可操作的材料，为每个幼儿都能运用多种感官、多种方式进行探索提供活动的条件。"这些"材料"就包括玩教具，玩教具对于幼儿不仅仅是玩具，也是促进其身心全面发展、为未来生活做准备的教育资源。

（三）幼儿园自制玩教具

幼儿园玩教具可以分为自制玩教具和工业成品玩教具，自制玩教具又可以分为成人制作的玩教具和学前儿童在教师指导下制作的玩教具。

本书的玩教具所指范畴是成人制作的玩教具，是指使用各种原材料、半成品材料或自然材料，通过手工制作的方式制成的、供幼儿在各种活动中使用的玩教具。[2] 因此本书是围绕着幼儿园自制玩教具的设计与制作展开的。

二、幼儿园玩教具的内涵

玩教具离不开幼儿游戏，游戏也是幼儿教育存在的方式之一。随着近年"回归教育本质""回归生活""回归真实"诸如此类的呐喊，游戏的内在精神和本体价值反复被强调，幼儿的游戏体验和主体地位也体现在玩教具之中。因此，我们有必要梳理教具、学具和玩具的关系，探明从教玩具到玩教具背

---

[1] 刘焱.幼儿园自制玩教具活动的意义、指导思想和评价标准［J］.学前教育研究，2017（9）：24-30.
[2] 续润笑.幼儿园自制玩教具研究［D］.南京：南京师范大学，2014：14.

后的价值取向,将有利于我们进一步理解幼儿园玩教具的内涵。

(一)教具、学具与玩具

在幼儿园教育的话语体系中,教具、学具和玩具三者皆有使用,往往统称为玩教具。三者的区别主要在于教师、幼儿对应用教育材料的主导性的强弱,简单来说就是以使用者的身份和功能区分。教具以教师主导应用为主,具有一定的教学目标,能够直观地、形象地将抽象的知识具象化,教师的预设性强,包括集体教学活动中教师亲自操作和应用的实物、模型、图片等。学具则主要由教师根据预先制定的幼儿发展目标,围绕落实目标的活动内容与活动形式设计材料,活动时幼儿主导应用、自行探索、主动操作,教师根据需要随机参与合作或引导,其提供的是开放性的学习机会,较少有结构性的形式。可以供幼儿玩的、看的、听的、触摸的、操作的东西都被称为玩具。

玩具在特定情况下,既是教具,亦是学具。玩具具备教育的特性就成了教具,教具具备玩具的可玩性才是玩具,三者之间可以根据应用目的相互转换。例如:教师在小班科学活动中使用一把小石头为幼儿演示数物对应、排序等知识,石头即为教具;若将这把石头放置于户外草坪、树下,幼儿随意观察、把玩、摆造型,石头就成了玩具;再者,将这把石头进一步处理,涂上不同的颜色和花纹,配以相应的游戏规则,投放在区角,幼儿进行感知和配对游戏,石头则是学具。

为幼儿提供好的教育资源和材料,不能只是具备传统意义上的教育性,也不能只强调可玩性,而应充分考虑幼儿的身心发展特点。幼儿园里好的教育材料一定良好地结合了可玩性和教育性,能够根据不同情境和需要灵活运用。

(二)从教玩具到玩教具

20世纪八九十年代以前,我国就有学者提出要注重玩具的教育价值。陈鹤琴认为玩具不应该只是让幼儿感到快乐,要能发展幼儿的动作。在以集体教学为主导的幼儿园课程中,玩具品类单一,并且过多强调玩具的教育性,教具的使用占多数,以帮助教师完成教学任务。

改革开放以来,我国幼儿教育事业逐渐受到重视,多个法规、条例得以颁布和修订。其中,我国于1986年颁布的第一部幼儿园教玩具配备规范——《幼儿园教玩具配备目录》,不仅在文件名称的表述上将"教具"置于"玩具"之前,还在内容上只注明了"配备教具"一栏,表明将玩具等同于教具,玩具的教育性大于可玩性。在1992年修订的《幼儿园玩教具配备目录》中,国家教育委员会(现教育部)虽然将文件名称中的"教玩具"改成"玩教具",但在配备目录中仍然保留了"配备教具"一栏,依然将玩具等同于教具进行配备。

改革开放40余年来,国家和社会越来越关注幼儿的主体地位,玩具作为教具的功利价值逐渐消退,玩具的"可玩性"被再次强调,玩具作为幼儿游戏材料的本体价值得以回归。在"以游戏为基本活动"的理念支持下,玩具作为幼儿游戏材料的本体价值逐渐在一些玩教具配备规范中得以彰显。在1992年修订的《幼儿园玩教具配备目录》的基础上,各地陆续出台了玩教具配备规范、办园条件标准、装备规范、保教设备配备标准等相关文件。

在这些文件中,以"玩教具"命名的占大多数;同时,不少配备规范以游戏类型或区域类型作为玩教具种类的划分依据。例如:江苏、内蒙古按照户外游戏的类型来配置玩教具,将其分为球类、走跑跳钻爬类、投掷类、民间游戏类等;北京、湖北、江苏、内蒙古将室内玩教具按照区域类型进行配置;此外,有的省份出台的文件将满足幼儿游戏需要的人数纳入了玩教具数量的配备标准之中。这些文件的出台及其内容的变化逐渐表明,玩教具不再仅仅作为教师教学的工具,而是幼儿喜欢、需要、操作的游戏材料,儿童本位的观念逐渐被国家和人民认可。

第二节 中国幼儿园玩教具的发展

我国有着众多留存至今且依然深受幼儿喜爱的传统玩具,它们不仅向我们展示着传统玩具的悠久历史、传统玩具的发展与我国社会的进步保持着紧密的联系,也体现着不同历史阶段的社会经济、生产水平、文化艺术、民俗风情等，以及我国的社会变迁。

一、中国传统儿童玩具

（一）中国传统儿童玩具的历史发展

儿童传统玩具是指中国古代艺人手工制作的，可以供儿童经常玩耍或把玩的器物。这些传统玩具体现了中国古代劳动人民的智慧，也是人类文明和中华文化的象征。考古发现，新石器时代的很多儿童墓葬中就出土了小石球和陶球。河南仰韶文化遗址、浙江河姆渡文化遗址、四川巫山大溪遗址、山东大汶口文化遗址、陕西西安半坡遗址等地就出土了石球、泥哨、陶球、陶狗和陶猪等，可以说是迄今为止我国发现最原始的玩具。这些早期的玩具大多取材于当时的生产活动，可能既是生产或生活工具、祭祀器具、乐器，也是人们娱乐的玩具。

到了汉代，国家较为强大安定，歌舞宴乐、百戏杂耍的社会风气初显，在一定程度上推动了玩具的发展。东汉王符《潜夫论·浮侈》中就记载着："或取好土作丸卖之……或作泥车、瓦狗、马骑、倡排，诸戏弄小儿之具以巧诈。"[1] 由于制作工艺水平有限，汉代玩具的造型和色彩大多显得拙朴。除了陶泥类玩具，汉代也有木制类、铜制类、象牙类等儿童玩具，并且在市场上买卖（如河南新郑地区汉墓出土的铜鸠车、广西西林县汉墓出土的铜质六博棋盘等文物）。此外《西京杂记》中记载的汉武帝投壶、《汉书·游侠传》中记载的陈遂因博弈而得官等，都表明汉代风行的游戏和玩具上至皇亲贵族，下至街巷俚人，均喜闻乐见，乐此不疲。

隋唐时期国力昌盛，不但工艺水平大大提升，而且吸收大量外来文化，玩具在材质和色彩上都有了讲究。陶泥玩具更加精致，还出现了彩瓷玩具。"三彩"工艺不仅用来制作三彩俑、三彩马等陪葬品，也逐渐制作供人们观赏的艺术品和儿童玩耍的玩具。唐三彩玩具主要以黄、绿、褐为主色，色彩较

---

[1] 倪宝诚.另类童话：玩具［M］.上海：上海文艺出版社，2002：15.

汉代的玩具更加鲜艳亮丽。在玩具的表现内容和造型上也不再局限于动物和生产工具，逐渐扩大到人物，形象各异，生动有趣。

宋朝是我国经济大发展时期，经济发展带动了民间工艺的兴盛。尤其是烧瓷工艺在此时达到鼎盛，大大推动了彩瓷玩具的发展。宋朝玩具丰富多彩，拨浪鼓、彩灯、皮影、风筝、门神、偶人等样样俱全。宋朝李嵩作《货郎图》，展现了"儿童闻听货郎来，蜂拥而至喜相迎"的景象，走街串巷的货郎仿若一个流动的"小商品店"，物品齐全，描绘精致。这不仅证明了玩具的市场化，也生动地展示了宋朝儿童对玩具的渴望和喜爱，以及祥和安定的生活。

元明清时期，玩具逐渐变得更加成熟且精致，特色更加鲜明。在元朝，儿童玩具的种类、风格和造型等没有多大的变化，和宋朝时很相似。到了明清时期，随着各种加工工艺的成熟和民间艺术的兴盛，玩具的品类开始向多元化发展。在明末，刘侗、于奕正同撰的《帝京景物略》中写道："杨柳儿活，抽陀螺。杨柳儿青，放空钟。杨柳儿死，踢毽子。杨柳发芽，打拔儿。"这说明随着季节变化可以进行不同的游戏活动，书中还提到了灯会中出现的各地奇珍异兽、杂耍、花灯、烟花、太平鼓等体现民俗风貌之物。到清末年间，八旗子弟以玩乐为能事，官宦人家多雇用民间艺人制作各类玩具，样式繁多。街市上随处可见有人售卖兔儿爷、羊拐、面人、风车、风筝、空竹、拨浪鼓、陀螺、毽子、弹球、布老虎、不倒翁、泥咕咕等各式玩具，中国传统儿童玩具进入了辉煌时期。

（二）中国传统儿童玩具的特点

玩具作为人类文明中的一部分，也经历了漫长的发展阶段。玩具不仅可以反映各个历史阶段的政治经济面貌、科学技术水平，也可以反映民俗文化、审美情趣、宗教信仰、教育观念等。总的来说，传统儿童玩具有以下几个特点。

1. 与生活、生产劳动相结合

玩具的诞生和发展与人类社会生活、生产劳动密不可分。考古发现的"石球"，就是原始社会末期人们用来投掷、狩猎的"弹丸"。玩具"弹弓"在古代也有类似的作用，《吴越春秋》中记载有诗歌《弹歌》："断竹，续竹，飞土,逐宍(古'肉'字)。"诗歌的大意为:砍伐竹子,制造弹弓,射出弹丸,射中鸟兽。全诗仅用 8 个字,便写出了从制作工具到狩猎的全过程。再比如,春秋时期公输般制作木鸢来探查军情,后来人们用风筝来传递信息、测量距离。至宋代,放风筝逐渐演变成人们喜爱的户外活动和节令民俗活动。"拨浪鼓"古时称"鼗",最早是作为一种用于宫廷雅乐、演礼仪式中的乐器。自先秦时期"鼗"诞生至今,拨浪鼓的外形基本没有太多变化,却从礼乐之用的乐器演变为民间音响器具,成了卖货郎和孩童们手上把玩的民间玩具。从生产劳动到生活娱乐,都可以看到各式玩具的身影,影响至今。

2. 就地取材,贴近自然,造型质朴

玩具随着社会生产力的发展而发展,从另一方面来说也受到了生产力的制约。在靠山吃山、靠水吃水的年代,人们的生活、生产、习俗和信仰都与自然界有着密切的联系,玩具也不例外。中国传统民间玩具大多就地取材,将泥土、树木、碎布、皮毛等朴素且廉价的材料进行加工。加工的方式也受到工艺水平的限制,先秦时期出土的玩具,大多由石头、兽骨、泥土、青铜、象牙等材料简单加工而成。在汉代,烧制技艺有所进步,陶土玩具大多采用低温火烧制,玩具的颜色较为单一,造型质朴。烧瓷工艺在隋唐时期进一步发展,陶土类玩具的颜色和质地更加细腻、精致。此外,木材作为古代随处可见的原材料,被广泛应用于玩具制作,如弓箭、木雕、木鸟车、空竹、陀螺、竹球、竹蜻蜓的制作等。木制类玩具大多保留木材的外形和触感,但随着民间技艺和审美情趣的提高,人们在质朴的造型基础上对各种玩具有所美化和装饰。例如,浙江温州的泰顺车木玩具,就是以木偶造型为基础,加以雕刻、拼接、彩绘等装饰而成的立体造型玩具。虽然中国传统儿童玩具的选材由于生产力和地域限制而显得朴素、廉价、粗糙,但古代劳动人民力求通过各种技艺手法将朴素的原生态材料巧妙地制作成儿童喜爱的玩具,不仅保留了自然材料的肌理、质地,也形成了我国独具风格的民间玩具。

3. 玩字当先,蕴含朴素的教育期望

随着社会生产力的发展,尤其是民间工艺的发展,玩具慢慢成了人们在生产劳动之余满足自身的娱乐心理需求(甚至是教育儿童)的手段之一。"玩"是玩具最重要的特征,是一种活动方式,也是活动状态。大多数时候儿童都

在玩,一切可以用来玩耍的东西都是他们的玩具。例如,大公鸡的羽毛可以制作成毽子供儿童玩乐,踢毽子是我国民间十分流行的健身活动,边念歌谣边踢毽子,不仅有很强的可玩性,也能够促进儿童多多运动,强身健体。除了锻炼身体,我国自古以来就极为重视对儿童的教育,传统玩具在设计和制作时就寄托着一定的教育期望,最典型的便是七巧板、鲁班锁、华容道、九连环等益智玩具。这些玩具最主要的作用是开发儿童的智力,培养儿童的耐心以及数理、逻辑方面的能力。还有一些玩具承载着人们赋予的价值观、做人道理、人际关系准则、情感交流等,如升官图、六博棋、虎头帽、花灯、春牛等,儿童在玩的过程中得到了潜移默化的道德教育、情感教育。纵览中国传统儿童玩具,不难发现它们都蕴含了成人对儿童的德、智、体、美、劳等方面的朴素愿望和寄托,从历史的角度证实了玩具对儿童身心发展有着重大意义。

4. 承载文化传承功能

大部分的中国传统儿童玩具由中国古代劳动人民手工制作而成,有着古人对当下生活的体验、认知和感悟,体现着中国古代劳动人民的智慧,是中华文化和人类文明的象征。传统玩具对中国民俗文化的传承发挥着不可替代的作用,其中与中国传统节日、节气相关的玩具就是典型代表。我国有元宵节赏花灯的习俗,人们在街头巷尾挂起各式各样的彩灯,孩子们可以提灯、赏灯和玩灯,玩具灯主要有肖形灯和走马灯两大类。肖形灯以形态可分为动物、人物、花卉、亭台楼阁等,孩子们可以提着玩,也可以在花灯底部安装木轮,用绳子牵引花灯。走马灯是利用热气流带动画面连续旋转,产生动态效果的玩具灯。此外,清明节放风筝、端午节挂香包和玩布老虎、中秋节玩兔儿爷等,都是寄托人们祈福、辟邪等美好愿望的民俗文化。传统儿童玩具中蕴含特有的情感联结、人文精神,是我国民族文化和民族精神的重要载体。中国传统文化是传统儿童玩具的主心骨,传统文化在一定程度上通过传统玩具得以传承。

总的来说,中国传统儿童玩具的特点鲜明,是我国传统文化的重要载体。在如今的玩具产业中,传统儿童玩具占比较小,随着时代的改变渐渐没落。相比现代儿童玩具,传统儿童玩具(如泥娃娃、弹弓、烟花爆竹等)常常被认为是"粗糙""廉价""简陋""无质量保证""安全性不明"的代名词。其实，传统玩具并非一成不变，其技术、工艺和审美都随着时代的改变而有所变化。我们应深度挖掘中国传统儿童玩具的价值和精髓，结合时代发展的要求，寻找新的发展道路。

二、近代中国幼儿园玩教具

近代中国既是内忧外患的动荡时期，也是思想文化交流与碰撞的重要时期。在帝国主义列强的侵略下，我国传统文化遭受巨大冲击，传统儿童玩具市场被"洋货"蚕食，但也有许多爱国教育家在学习先进教育思想的基础上，回归本土文化，为当时的幼儿园和儿童制作了系统的、专业化的玩具。

（一）传统儿童玩具的式微

随着世界工业革命的爆发，制造业的兴起和塑料、橡胶等新兴材料的出现，使传统手工业受到了极大的冲击。民国时期社会动荡，我国内忧外患，工艺制作水平无明显提高，国内玩具产业发展缓慢。再者，西方外来文化侵蚀中国传统文化，"洋娃娃""皮球""飞机""火车""毛绒玩具""机械玩具"等新式材料制作的"洋货"逐渐被人们接受和欣赏。许多人认为传统玩具更落后，是贫穷和无知的代表。战争威胁加上文化侵略，使民间传统玩具手工业式微，而生产发条玩具、弹跳玩具、小汽车和皮球等新型玩具的玩具厂出现，传统玩具进入岌岌可危的境地。

1933年，商务印书馆出版了一套幼稚园教育丛书，其中有一本《玩具与教育》就提到了当时城市里出现了很多外来玩具，一部分父母和教师认为，我国固有的玩具是下层阶级儿童玩耍的，将玩具的价值看得很轻贱而没有意义，严令禁止儿童玩弄，却对舶来品玩具大加赞扬和推崇。[1]作者陈济芸指出，这种病态的现象和心理原因是多方面的，但最大的原因是没有明确儿童教育的意义和方法以及玩具的价值和作用，即没有正确的儿童教育观念。同年还

---

[1] 陈济芸.玩具与教育［M］.上海：商务印书馆，1933：14-16.

有一部由阮玲玉和黎莉莉主演的电影《小玩意》上映，故事讲述了以手工制作儿童玩具为生的叶大嫂和桃叶村的村民以及回国创办大中华玩具厂的民族实业家与帝国主义列强大机器工厂批量生产的产品相抗衡，展现了在帝国主义侵略下中国人民的种种苦难，揭露了中国积贫积弱、民族工商业举步维艰的社会现实。从影片里一个玩具手工作坊及手艺人的故事可窥见战时我国传统玩具的惨淡处境。

（二）陈鹤琴创造的幼儿园玩教具

有很多民国时期的文人、教育家和实业家注意到了当时传统儿童玩具的现状。鲁迅、陈鹤琴、陶行知、陈济芸、丁锡纶、徐亚生、王国元和邵子云等人一方面警惕外来玩具入侵、提倡发展国货玩具业；另一方面在学习西方先进教育思想的基础上，吸收一些如"福禄贝尔的恩物""蒙台梭利教具""包豪斯儿童积木"等优秀玩具的特点，并且重视回归本国实际和传统，对儿童与玩具、玩具与儿童教育进行系统全面的研究，创造出了更为专业化的、适合在幼稚园里玩的玩具。[1] 其中最具有代表性的就是陈鹤琴在鼓楼幼稚园里为孩子们制作的玩具。

陈鹤琴认为玩具的设计与选择要符合儿童的年龄，他将欧美教育家关于儿童游戏、玩具的研究介绍给国人，并在此基础上结合实际观察，倡导并亲自设计和制作符合不同年龄阶段儿童的玩具。他在1940年创办江西省立实验幼稚师范学校时，开办了一家玩具厂。他提出要重视玩具的趣味性，成人不能将自己的意志和喜好强加在儿童身上，要根据儿童的兴趣去选择游戏和玩具，在仔细观察后利用其喜好来科学地引导，从而起到寓教于乐的作用。他认为当时的玩具仅仅具有玩耍功能，除了使儿童快乐和嬉笑外没有多大价值，没有考虑是否合乎儿童的生理和心理需求，不能让儿童产生很浓厚的兴趣。[2]

陈鹤琴认为，儿童玩具可以根据五种标准进行分类，即玩具的性质、材料、功用、优劣和受众年龄。他着重描述和分析了按玩具的优劣分"好的玩

---

[1] 陈茶丽.民国时期儿童玩具业研究［D］.长沙：湖南师范大学，2016：23-35.
[2] 陈鹤琴.儿童心理之研究（卷上）［M］.上海：商务印书馆，1925：325-326.

具"("活的玩具")与"坏的玩具"("死的玩具")。"好的玩具"有以下几个特征：可以长期吸引儿童兴趣、可刺激情感、可激发想象力与创造力、选材优质、可为儿童提供触觉和视觉上的美感体验等。而"坏的玩具"为只能旁观却不能把玩、有危险、不卫生、产生噪音、质料薄弱的器具。此分类方法和观点主要是站在以教育者和玩具的受众为中心的角度考虑的，以至于不免会将我们熟知的传统玩具中有代表性的泥老虎、泥人等列为"丑陋的""危险的""劣等的""不能引起儿童兴趣和发生爱情的"（此处的爱情应指"爱的感情"）[1]（见表1-1）。

表1-1　陈鹤琴的玩具优劣标准

优劣标准	好的玩具	坏的玩具
特征	可以引起儿童发生爱情的	要发生危险的
	质料坚固而不宜损坏的	不合卫生的
	可以刺激儿童想象力和发展儿童创造力的	不能引起儿童兴趣和发生爱情的
	儿童自己玩弄而能拆开的	声音嘈杂和没有好听的声音的
	能适应儿童的能力和发展儿童的智力和兴趣的	只能使儿童旁观呆看而不能发展儿童创造力的
	能洗涤而颜色不退、形状也不丑陋，足以激发儿童美感的	质料薄弱而不能洗涤的
	有变化而活动的	无变化而不活动的

陈济芸对南京鼓楼幼稚园里的玩具进行了梳理，其中一些玩具是陈鹤琴自制的，表1-2从鼓楼幼稚园的玩具和材料方面呈现了当时幼儿园玩教具的配备状况。[2]

---

[1] 陈鹤琴.儿童心理之研究（卷上）[M].上海：商务印书馆，1925：327-329.
[2] 陈济芸.玩具与教育[M].上海：商务印书馆，1933：133-136.

表 1-2　幼稚园设备表（陈济芸原文表述）

第一种：营造材料	大号积木、中号积木、小号积木、排色板、六面图、插木板、木杆玩具挖孔和实体的涂鸦轮廓图
第二种：手工材料	关于木工的：小槌、小锯等 关于纸工的：剪刀、色纸、条纹纸、厚纸、图画纸等 关于缝纫工的：软布、粗线、大眼针、剪刀、小宝宝和动物的印图等 塑像用具：沙盘、黏土版或漆布、贝壳等 关于穿织的：珠子、织带机、粗线等
第三种：图画材料	蜡笔、颜料、铅笔、图画纸、新闻纸、粉笔、毛笔、涂鸦轮廓、图画板、写生架等
第四种：游戏材料	皮球、摇马、滑梯、秋千、浪船、荡绳、跷跷板、双兔、小汽车、三轮车、雪车、手推车、黄包车、单柄拉车、绳圈、投珠器、弓箭、木刀、竹剑、木枪、独木桥、肥皂泡等
第五种：表演用具	小宝宝、小宝宝用具、布做的小动物、木制的小碗碟、小屏风、小车子、小船、蜡制的小动物、铁制的人物、小商店的用具、小工厂的用具、假面具、手杖等
第六种：音乐用品	琴、留声机、唱片、小锣、小钹、小钟、小磬、小笛、木鱼、摇鼓、音乐书等
第七种：读法材料	缀法牌、缀法盘、小圆球、木戳字、铅字、印刷机、轮廓刷等
第八种：识数材料	陀螺盘、骰子、数目牌、图画识数片、旋珠盘、得赏盘、滚珠盘、绳圈、豆袋等
第九种：常识材料	捕虫网、展翅板、药瓶、小花园、盆花、小菜园、小锄等劳动玩具、浇花壶、菜筐、金鱼缸、兔笼、家禽家畜、称、尺、摄影机、望远镜、凹凸镜、三棱镜等

在这些玩具中，很大一部分玩具是中国民间传统玩具本身或其变形，例如游戏材料中的秋千、木枪、弓箭、木刀等。还有一部分玩具是从西方引进的，例如常识材料中的望远镜、三棱镜，来自外国的音乐用品，以及营造材料中的大小不同的积木等。当然这其中也包含一些传统玩具的变形，有的是为了适应当时对玩具的时代要求，有的是当时的工业生产进步、本国或外国的科技进步以及民间工艺匠人的创新艺术形式相结合的产物。总之，这一时期的玩具不仅包括中国土生土长的传统玩具，还包含国外引进的外来玩具，

此时的玩具具有中西方结合的特色。

三、现代中国幼儿园玩教具

新中国成立后，我国逐渐对流传下来的儿童玩具进行保护、恢复，但依然受到自身生产效率、市场等方面的限制，从而没有得到足够的重视。到了20世纪八九十年代，部分传统儿童玩具采用新材料和工艺，利用机器大批量生产，我国儿童玩具产业发生了翻天覆地的变化。塑料玩具、硅胶玩具、电子玩具、智能玩具、虚拟体感玩具等提供全方位感官刺激的玩具纷纷出现，这些玩具带有时代的特点，不管是材质、颜色还是功能，都具备现代生活的气息。我国也出台了一系列的幼儿园玩教具配备规范和玩具安全标准，促进玩具市场以及幼儿园玩教具的系统化和规范化。此外，随着幼儿园课程的改革，涌现了一批进行游戏化课程改革（如"安吉游戏""利津游戏"）的幼儿园，将本土化玩教具推向了世界的舞台。

（一）幼儿园玩教具的配备

对儿童而言，玩教具是儿童学习的"教材"。1986年，国家教育委员会（现教育部）颁布了我国第一部幼儿园教玩具配备规范——《幼儿园教玩具配备目录》，为全国的幼儿园提供了一份统一的教玩具配备清单。1992年，国家教育委员会颁布的《幼儿园玩教具配备目录》首次为不同经济发展水平的区域制定了不同的玩教具配置标准。文件在说明部分强调：鉴于各地区的经济发展不平衡，各地办园条件差异很大，目录分为一、二、三类，二类为基本配备，经济条件好的可按照一类配备，经济条件比较差的可按照三类配备。这种配置方式首次打破了区域经济发展水平对学前教育资源合理配置的制约，有利于缩小东部、中部、西部地区的学前教育事业发展差距。为儿童配置充足、适宜的玩教具是合理配置学前教育资源、保障学前教育过程公平的重要举措。改革开放以来，教育部和25省（自治区、直辖市）出台的34份玩教具配备规范中，有18份文件都提出了"按照幼儿园的办园规模或园所等级配备玩教具数量"的配备标准。此外，国家质量监督检验检疫总局联合国家标准化管理委员会也颁布了《玩具安全标准》《国家玩具安全技术规范》等文件，以保障我国玩具生产与进口的规范性、安全性。

有研究调查发现，玩教具配备不足依然是学前教育的薄弱部分，不仅需要加大教育装备标准的宣贯与执行力度，还需要高度重视自制玩教具活动，广泛运用经典的传统玩具。正如《3—6岁儿童学习与发展指南》（以下简称《指南》）要求："多为幼儿选择一些能操作、多变化、多功能的玩具材料或废旧材料，在保证安全的前提下，鼓励幼儿拆装或动手自制玩具。"

（二）以安吉游戏为代表的本土化玩教具

在国家配备规范的保障以及幼儿园课程改革的背景下，各地根据当地的经济发展水平对学前教育资源进行合理配置。竹子之乡——浙江安吉县就因地制宜地开展了一场"把游戏还给儿童"的真游戏革命。安吉游戏的创始人程学琴积极思考什么样的材料能支持儿童的真游戏，并认为材料和环境的设计原则是追随儿童自主。安吉游戏充分保障儿童的游戏权利，让儿童掌控游戏材料，不设计游戏材料的玩法，用低结构和无结构的原则提供材料，打破了以往固着的游戏材料供给原则，让儿童一物多玩或一玩多物。

最简单就是最复杂，不设计就是最好的设计。安吉游戏材料还原真实，来源于生活和自然，坚实耐用。这些材料有：梯子、凳子、PVC[1]管、油桶、箱子、加上轮子的生活用具（箩筐、箱子）、绳子、网、垫子、木板、木块、砖头……用最简单的材料能激活儿童无限的创造、大胆假设、验证、想象与表达。儿童的经验是延续的，他们在游戏中不断地解决问题，这些延续的经验会深刻地留在他们的脑袋里。

近年来，我国户外游戏发展迅速，"安吉游戏"风靡全国、走向世界，将中国传统游戏融入幼儿园户外的"利津游戏"也在蓬勃发展。安吉游戏和利津游戏正在探索适合中国儿童的"游戏之道"，促使我们重新审视儿童与游戏、儿童与游戏材料、儿童与教师等关系。

---

[1] 英文全称为"polyvinyl chloride"，意思为聚氯乙烯，是氯乙烯单体在过氧化物、偶氮化合物等引发剂或在光、热作用下按自由基聚合反应机理聚合而成的聚合物。

（三）现代幼儿园玩教具的特点

习近平总书记指出，新时代是我国发展新的历史方位，是中华民族实现强起来的时代。在这个时代，育人方式在改革，培养体系进一步完善，教育质量在稳步提升。幼儿园玩教具作为体现学前教育质量的重要载体，也具备一些新时代的特征。

1. 幼儿为本，重视游戏材料本身的价值

陈鹤琴说："教育玩具在幼儿教育中占着非常重要的地位，正如中、小学的教科书一样不可缺少。"玩具可以看作是幼儿的"教科书"，其作用不仅在于让幼儿获得乐趣，也能够帮助幼儿在游戏的过程中获取知识和技能。当代社会知识的更新、科技的发展、生活和生产方式的改变都对玩具——尤其是幼儿园玩教具——提出了新的、更高的要求。玩具的"知识性"应具有更宽的范围、更新的内容、更高的深度和趣味。在这种社会背景和要求下，玩具的教育性被提到了一个新的高度。然而，要警惕"重知识、轻乐趣"的倾向，我们经常在幼儿园里发现看似精美的玩具，但幼儿缺乏兴趣。这就要求我们进一步思考游戏材料与幼儿的关系是什么、如何利用游戏材料促进幼儿深度学习等关键问题。

新时代的幼儿园玩教具与以往的教玩具相比，更强调以幼儿为主体的思想，重视游戏、游戏材料本身的价值及地位，尊重幼儿身心发展和学习的规律。在重视玩教具的教育目的和教育意义的同时，请不要忘记幼儿的"玩"本身就是目的，"游戏"本身就有价值。

2. 玩法多元，适应幼儿全面发展的需要

面对广泛的市场和竞争，"可玩性"始终是玩教具的核心竞争力之一。在各种层出不穷的玩教具中，玩法越来越多元且新颖：一方面体现在玩教具的设计精细化，重点培养或发展儿童在某一方面的能力；另一方面体现在为同一件玩教具赋予多种玩法，在一件玩教具上实现数理逻辑、空间想象、社会交往、艺术审美等方面的发展需要。玩教具要重视幼儿的游戏体验，新颖的玩法能引起幼儿的注意，激发幼儿的兴趣，使玩教具具有可持续性和可探究性，促进幼儿全面发展，以适应当下以及未来的人才需要。

3. 科技融入，适应时代发展需要

玩具是一定历史时期的经济、科学技术、文化艺术以及人们生活的重要体现。社会在飞速发展，人们对物质文化的需求不断提出更新的要求，旧知识不能适应新的生产需要。我们可以看到，新时代的玩具与时俱进，融入了新材料、新技术、新知识和新技能。在材料和技术方面，幼儿园里常见的玩教具大多采用无毒、环保材质，并随着工业发展和科技发展运用了许多新型合成材料和木制材料。正规出厂的新型玩教具皆需要符合《国家玩具安全技术规范》《玩具安全标准》等相关规定。

此外，越来越多玩教具的题材内容贴近现代生活，出现了诸如"手机扫码""乘坐地铁""使用无人机"等体现现代生活的游戏情境。不少幼儿园将电子产品加以创造，使其成为更具吸引力和教育性的玩教具。信息技术的融入不仅可以吸引幼儿的兴趣和注意力，也可以将一些过去难以直观呈现的事物用新的载体来呈现，使玩教具更具时代气息。例如，贝阳创智技术有限公司推出了一款名为"贝板"的智能交互游戏工具，它是一台没有显示器、只有触摸屏的超大平板电脑。贝板集游戏性和教育性为一体，将物理互动理念与虚拟互动技术融合，将实物玩具与智能平板进行创造性结合，促进幼儿逻辑思维、空间视觉、记忆力、自然科学、音乐听觉启蒙、数学启蒙等六大领域的发展。同时，它支持云端测评，能够收集游戏交互数据，追踪幼儿的成长，深受幼儿和教师的喜爱。

玩教具不仅是陪伴幼儿的伙伴，也是传递价值观的载体，还是社会生产力的映射。随着制造业的兴起，我国已经成了玩具制造大国。不难看到，在大批量生产之下，许多玩教具已经丧失了原有的独特民族气质和人文内涵。新时代的玩教具要在适应社会和时代要求的前提下，保留优秀传统文化的精髓并进行创新设计，这不仅是玩教具从业者的使命，也是幼儿教育工作者的使命。

第三节　幼儿园玩教具的意义

游戏是幼儿的基本活动，玩具是幼儿的亲密伙伴。玩教具兼具教育和游戏的价值，不仅可以娱乐幼儿，还可以帮助幼儿掌握相关的知识、经验和技能，促进幼儿的成长。此外，教师可以在参与玩教具制作的过程中不断学习、实践、反思，获得专业的成长与发展。

一、玩教具与幼儿成长

从幼儿出生时开始，玩教具就伴随其左右，玩教具在幼儿成长的过程中不仅能够促进幼儿的身心发展，还能够促进幼儿能力、认知及学习品质的发展。

（一）玩教具促进幼儿身心发展

玩教具作为幼儿的玩伴，在幼儿的身心健康发展方面起着不容忽视的作用。玩教具不仅能够促进幼儿动作的协调发展，还能够愉悦幼儿的情绪，使幼儿保持心理的健康。

1. 玩教具有助于幼儿动作的协调发展

玩教具通过有效地增加体育活动的趣味性，来促进幼儿大肌肉动作、精细动作、平衡能力和协调能力的发展。例如，"丢沙包""跳皮筋""滚铁环"等玩教具游戏能够促进幼儿运动平衡能力、动作协调性和灵活性的发展，"穿珠""斗陀螺"等玩教具游戏能够促进幼儿手指灵活性和手眼协调能力的发展，使幼儿的动作趋于精细化。幼儿可以根据自己的需要选择适宜的玩教具进行活动，并在游戏的过程中获得动作的协调发展。

2. 玩教具有助于幼儿情绪的愉悦

玩教具是幼儿的玩伴，幼儿在操作玩教具的过程中表达自己的想法、观点，并宣泄自己的紧张、恐惧情绪，进而减少心理压力和紧张感，促进积极情感的形成。此外，幼儿可以按自己的意愿选择玩教具，并开展相关的游戏活动。在与玩教具互动的过程中，幼儿不仅能够获得操作玩教具所带来的掌控感、成就感,还能够在与同伴一起游戏的过程中体验分享、合作的乐趣。

(二)玩教具促进幼儿能力发展

意大利教育家蒙台梭利认为,幼儿不是消极的学习者,而是积极的学习者,幼儿通过从事各种实践活动和操作实际材料来学习。玩教具不仅能够促进幼儿的身心发展,还能够促进幼儿语言、社会性、艺术创造力、科学思维的发展。

1. 玩教具有助于幼儿语言的发展

3—6岁是幼儿语言发展的关键时期,玩教具为幼儿与同伴创造了交流的机会。幼儿在与同伴一起游戏时,会产生许多合作、协商、分享、交流的语言,并且随着幼儿游戏范围的扩大,他们的谈话内容也将随之扩大,有些内容甚至会扩展到幼儿常用语言的范围之外。在不断练习、沟通、交流的过程中,幼儿的语言表达能力能够得到增强,词汇量不断丰富,常识性知识也不断增加。

2. 玩教具促进幼儿社会性的发展

在与同伴一起玩玩教具的过程中,幼儿不仅能享受玩教具带来的乐趣,还能在与同伴发生冲突、矛盾时逐渐学会分享、合作交流的技能。幼儿能学会站在他人的立场上思考问题,并且逐渐理解他人的意图,意识到自己和他人的关系,并掌握处理人际关系的态度和技能,形成良好的社会适应性行为,获得社会性的发展。

3. 玩教具提升幼儿的艺术创造力

玩教具的色彩、造型、声响等方面的特点可以使幼儿对颜色、形状、空间、韵律、视觉效果、节奏、艺术风格等有基本的感知。在操作玩教具的过程中,幼儿能够了解玩教具本身所蕴含的文化意味、科技信息、艺术语言,并感知艺术与生活、艺术与文化、艺术与科学的联系,增进艺术知识,培育审美情感,提高艺术感知、欣赏能力。

4. 玩教具提升幼儿的科学思维

在接受传统的科学教育时,幼儿容易对单调乏味的科学教学丧失兴趣。在科学教育中融入玩教具,可以使科学教育丰富化、生动化、直观化、趣味化。玩教具能够引导幼儿主动进行科学探究，并在此过程中发现问题、解决问题。不论科学探究的最终答案是否正确，玩教具都在一定程度上激发了幼儿对科学的兴趣，锻炼了幼儿的科学思维能力、探索能力、动手能力。

（三）玩教具有利于发展幼儿的认知

认知是最基本的心理过程，包含注意、记忆、想象、思维等。在操作玩教具的过程中，幼儿不仅能够获得丰富的知识经验，也能够获得认知能力的发展。

1. 玩教具丰富幼儿的知识经验

各式各样的玩教具蕴含着丰富的知识。在操作玩教具的过程中，幼儿能够充分了解玩教具中所承载的物体性质、特征、用途等，加深对周围事物的认识，完善已有的知识结构。例如：在玩"草莓棋"时，通过跳上、跳下、跳左、跳右，幼儿能够理解上下左右的方位概念；在玩"火山爆发"时，幼儿能够了解到小苏打与醋结合后会发生化学反应；在玩"贪吃小蛇"时，幼儿能够掌握数学逻辑知识；在玩"熊猫排队"（见图1-1）时，幼儿能够了解数与量的对应，初步感知序数关系。

图1-1 熊猫排队

2. 玩教具促进幼儿的认知发展

幼儿可以依据自己的兴趣选择玩教具并进行游戏，在摆动和操作玩教具的过程中模仿和表现周围的人、事、物，加深对周围事物的认知，获得记忆力、思维能力、观察能力等认知能力的发展。例如，通过玩"扮家家""小剧场""筑梦工坊"等游戏，幼儿能够在愉快的氛围中体验人物的身份特点、感受人物的社会职责和义务，同时发展专注力、对角色形象的记忆力、观察力、模仿力等。

（四）玩教具有助于幼儿学习品质的形成

所谓"学习品质"主要是指学习态度、行为习惯、方法等与学习密切相关的基本素质，是在幼儿期开始出现与发展，并对幼儿现在与将来的学习都产生重要影响的基本素质。《指南》中阐述了幼儿的学习品质，即"幼儿在活动过程中表现出的积极态度和良好行为倾向""幼儿的好奇心和学习兴趣""积极主动、认真专注、不怕困难、敢于探究和尝试、乐于想象和创造等"。玩教具既能为幼儿的学习提供各种感知觉刺激，又能为幼儿动手动脑、主动学习创造有力的条件。玩教具的具体形象和可操作性的特点决定了其能吸引幼儿的兴趣，使幼儿进行持续深入的探究，在这个过程中幼儿良好的学习习惯得以培养，这将为幼儿今后的学习与发展打下坚实的基础。

1. 玩教具能激发幼儿的学习兴趣

兴趣是人们力求认识某种事物、从事某项活动的意识倾向，表现为人们对某种事物、某项活动的选择性态度和积极的情绪反应。玩教具富有童趣的外形、悦耳的声响、艺术性的色彩搭配、符合幼儿身心发展特点的操作难度，能够激发幼儿的兴趣，接着幼儿会不断地惊奇、疑问、尝试、发现，追问"是什么""为什么""怎么样""怎么办"，保持旺盛的好奇心和求知欲。

2. 玩教具能培养幼儿的学习习惯

良好的学习习惯包含幼儿对学习的主动性、坚持性与专注性。学习的主动性是指幼儿面对任务或事物时所表现出来的积极态度，并且能够制订和实施计划。坚持性与专注性是指幼儿在完成任务的过程中能够长时间坚持做一件事情，并且集中注意力，不容易受到其他事物的影响与干扰。小、中班幼儿常常表现为注意力容易分散，专注时间不够长。幼儿的身心发展特点决定了需要有意识、有目的地培养他们的坚持性与专注性。要制作符合幼儿年龄特点及兴趣的玩教具，使幼儿主动探索玩教具，并在此过程中发展坚持性和专注性。与此同时，教师的适宜指导也能够激发幼儿产生持续的学习兴趣，促进幼儿进一步养成良好的学习习惯。

3. 玩教具能培养幼儿的想象力和创造力

幼儿期是幼儿想象力和创造力的萌芽时期，幼儿在生活和游戏中运用想象进行学习、解决问题。常见的角色游戏、建构游戏类玩教具能够促进幼儿想象力、创造力的发展。例如：在"十字路口"角色游戏中，幼儿在教师创设的马路情境中游戏，有的幼儿假扮交通警察，有的幼儿假扮汽车司机，有的幼儿假扮过马路的行人，有的幼儿假扮接送孩子的家长。接着，一个小女孩也想加入游戏，但是相关的角色都已经被选择了。这时，小女孩从器械区找来几个装水的瓶子，并假扮加油站的服务员。于是，在幼儿丰富的想象与创造下，十字路口多了一个加油站、一个蛋糕店、一辆救护车、一家医院等，幼儿将生活中的经验重组、改造，并进行创造……

二、玩教具与教师的发展

玩教具不仅具有娱乐作用，也渗透着成人希望通过玩教具让幼儿获得学习、生活技能的目的。玩教具是教师依据幼儿的年龄特点、各个领域的目标以及教育的真实需要设计和制作的，是教师实现教育目标的重要辅助物，可以解决教学过程中的重点、难点问题。

教师需要依据幼儿的身心发展特点、游戏和学习的需要，设计并制作适宜的玩具，为幼儿创造有准备的、有教育性的环境。在玩教具设计与制作的过程中，教师需要不断学习自制玩教具的相关理论知识与技能，将教育性、科学性、趣味性、多功能性、参与性、自主性等特点融入玩教具的设计与制作中，加强对幼儿身心发展特点的学习，了解各个领域的发展目标，设计符合幼儿身心发展特点和课程需要的玩教具。教师的学习能力、教学能力、科研能力、对相关知识的掌握与运用能力、设计与制作能力、沟通交流和合作能力等专业素养在此过程中都能够得到提升。

本章小结

幼儿园玩教具是幼儿学习与生活中重要的探究性活动资源，也是幼儿园一日生活和课程的重要组成部分。本章重点阐述了玩教具的概念与内涵，明晰了玩教具的"可玩性"本质特征和"教育性"核心内涵，论述了我国幼儿园玩教具的发展历程及特点、玩教具发展与社会进步之间的联系，并从知识经验、情感态度、技能等方面讲述了玩教具促进幼儿成长的意义，以及设计和制作玩教具对教师专业发展的意义。

本章思考

1. 请你选择三份玩教具，根据玩教具在活动情境中的运用以及教师引导的程度，讲述这三份玩教具在活动中的属性——是玩具？是学具？还是教具？

2. 你理解玩教具中的"可玩性"与"教育性"这两大特性吗？你在设计玩教具时会如何考虑玩教具的这两大特性？

3. 在设计玩教具时你会如何将传统文化元素与玩教具相结合？

第二章

玩教具的设计依据与原则

📖 **本章导读**

幼儿喜爱的玩教具是怎样的？

在关于玩教具设计的教研会议上，教师们针对"幼儿喜爱的玩教具是怎样的？"这一问题进行讨论，有教师说幼儿比较喜爱色彩明快的玩教具，有教师表示幼儿喜欢探索卡通造型的玩教具，有教师表示有些年代比较久远的玩具非常吸引幼儿，有教师表示无规定玩法的玩教具非常受幼儿喜爱，有教师表示……

在幼儿园里，设计与制作玩教具是教师常做的事情，他们会从不同的角度对幼儿喜爱的玩教具进行解读，但是对幼儿喜爱的玩教具特征的认知比较片面，缺乏系统性和全面性。玩教具能够激发幼儿的游戏，愉悦幼儿的情绪，促进幼儿进行深度探究，教师应该从文化视角、幼儿视角、领域视角、物件视角出发来设计玩教具，遵循教育目标，选择适宜的内容，为幼儿设计具有教育价值的玩教具。

玩教具不只是作为欣赏物品、娱乐物品而存在，它还具有教育的价值。发挥玩教具的可玩性、趣味性以及教育性等方面的价值，需要教师从文化视角、幼儿视角、领域视角、物件视角等设计玩教具，并且依据玩教具的可玩性、互动性、适宜性、安全性、教育性、科学性、创新性和简易性等原则制作玩教具。

第一节　幼儿园玩教具设计依据

顾名思义，玩教具兼具教育功能和游戏功能。为了充分发挥玩教具的教育和游戏功能，教师需要：在设计玩教具的过程中从传统文化、地域文化中挖掘适宜的教育内容；基于幼儿的已有经验、认知、语言、社会、动作等方面发展的特点，设计与幼儿的身心发展水平相适应的玩教具。此外，健康、语言、社会、科学、艺术五大领域的教育目标与教育要求也为玩教具的设计提供了领域依据。教师依据五大领域的特点设计玩教具，能够更好地促进幼儿的身心全面和谐发展。文化视角、幼儿视角、领域视角、物件视角为玩教具的设计提供了依据，教师可以从这几个方面来构思和设计幼儿喜爱的、具有教育价值的玩教具。

一、基于文化视角

2017年，中华人民共和国国务院办公厅印发了《关于实施中华优秀传统文化传承发展工程的意见》，提出围绕立德树人的根本任务，遵循学生的认知规律和教育教学规律，按照一体化、分学段、有序推进的原则，把中华优秀传统文化全方位融入思想道德教育、文化知识教育、艺术体育教育、社会实践教育各环节，贯穿启蒙教育、基础教育、职业教育、高等教育、继续教育各领域。玩教具是人类社会的文化产物，也是社会文化传承和传播的重要工具。不同时代的玩教具凝聚着不同时代人类社会的文化历史经验和价值观，幼儿在与玩教具互动的过程中，玩教具中蕴含的价值观和审美趣味潜移默化地影响着他们，并传递着时代的文化信息。

在国家十分重视优秀传统文化传承，重视幼儿时期传统文化渗透的大背景下，将优秀传统文化融入玩教具的设计，已成为幼儿自然习得传统文化的途径之一。教师在设计玩教具时应重视玩教具可传承优秀文化的特点，从中华传统文化内涵及地方特色文化两方面来挖掘玩教具设计的依据，基于文化传承的视角设计玩教具，通过玩教具的文化适宜性，激发幼儿对优秀传统文化的兴趣，拓展他们对传统文化的了解。

（一）从传统文化的角度

唐代文学家韩愈在《师说》中将教师定义为："师者，所以传道授业解惑也。"教师作为文化的传承与传递者，在传递文化的过程中，不仅需要了解文化的本质，更需要理解文化的内涵。只有这样，他们才能成为优秀传统文化的传承者。教师在将传统文化融入玩教具的设计时，需要理解传统文化的内涵，才能真正实现玩教具的寓教于乐这一特点。

传统文化，又称文化遗产，是文明演化而汇集成的反映民族特质和风貌的文化，是各民族历史上各种思想文化、观念形态的总体表现。中华文化上下五千年，历史悠久，底蕴深厚，祖先给我们留下了丰富的文化种类——琴棋书画、戏剧文学、民间工艺等。在众多的传统文化中，有的适合儿童了解与习得，而有的并不适合在幼儿阶段进行学习。如何在浩如烟海的传统文化中筛选适宜的文化内容融入玩教具？如何运用适宜的方式设计玩教具？解答这些问题既是时代对教师的专业能力提出的新要求，更是提高教师文化素养和玩教具文化适宜性的途径。

1. 琴棋书画

在中国古代，弹琴（古琴）、弈棋（围棋）、书法（毛笔）、绘画（国画）是文人骚客（包括一些名门闺秀）修身养性所必须掌握的技能，合称琴棋书画。

幼儿期是儿童动手动脑的关键期，琴棋书画这一类传统文化因其可为幼儿提供亲身体验、动手操作的机会，非常适合与玩教具相融合。但幼儿的身心、认知等水平尚处在萌芽期，传统的琴棋书画难度较大，不适合幼儿的身心发展特点,因此在将传统文化融入玩教具设计时,应充分考虑幼儿的发展特点,将这方面的知识以幼儿可理解与操作的方式进行呈现。例如:在制作棋类玩教具时,教师可借鉴传统五子棋的原理与方法,设计适合幼儿发展水平的"五子棋""三子棋"。教师可以将棋盘格数减少到适合幼儿操作的范围,使幼儿更好地开展游戏与竞技活动。此外,教师可以先投放简单的"三子棋",再投放"五子棋",逐步增加玩教具的难度。

2. 戏剧文学

中国戏剧种类繁多,其中贴近幼儿生活、适合幼儿年龄特点的是皮影戏和木偶戏。皮影戏是一种用灯光照射兽皮或纸板做成的人物剪影来表演故事的民间戏剧,木偶戏是用木偶来表演故事的戏剧。在表演时,演员在幕后一边操纵戏曲人物或木偶,一边用当地流行的曲调唱述故事。

皮影戏和木偶戏是幼儿非常喜闻乐见的戏剧形式。在设计玩教具时,教师应考虑将皮影戏、木偶戏等传统文化融入其中,这样不仅能够使幼儿在表演皮影戏和木偶戏的过程中了解戏剧文化,潜移默化地将戏剧文化渗透到幼儿的心中,还能够提升幼儿的表现力以及创编戏剧故事的能力。例如:教师可以借鉴皮影戏和木偶戏的表现形式,搭建表演小舞台,提供幼儿熟悉的故事角色或幼儿生活经验中的人物或动物形象,幼儿通过自己操作皮影戏或木偶戏的道具,在小舞台中表演绘本故事等,或者幼儿创作故事并进行表演(见图 2-1)。

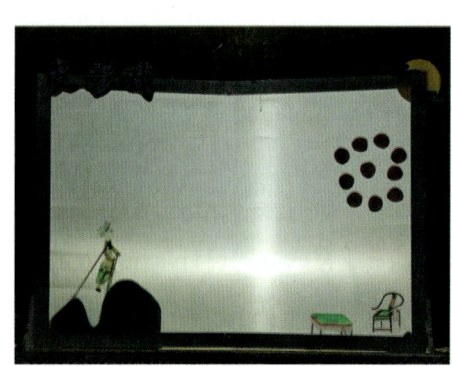

图 2-1　皮影戏故事表演

3. 民间工艺

教师在设计玩教具时,融入最多的民间工艺是剪纸、扎染、刺绣等,但教师在将它们融入玩教具时,往往只融入了民间工艺的形式,而忽略了民间工艺真正的文化内涵。教师只有深入了解每一种民间工艺的文化内涵,依据不同民间工艺所承载的文化特征来设计玩教具,才能真正地传承与发扬民间工艺的文化价值。

剪纸是中国最早普及的民间传统装饰性艺术之一,有着悠久的历史。民间剪纸艺术同劳动人民的生活密切联系,表达了民众对社会的认知经验、生活理想以及审美情趣等,在全国范围内广泛使用。教师应遵循剪纸的表意特征,将剪纸与幼儿的生活相结合来设计玩教具。例如:在传统的春节、元宵节、中秋节到来之际,教师可提供灯笼和剪纸所需的材料,让幼儿依据自己的想法动手制作与生活经验有关的简单剪纸作品,在灯笼上进行拼贴并组合成新的造型或者装饰,增添节日气氛,装饰生活空间,表达喜悦之情,在此过程中体悟剪纸所蕴含的文化内涵(见图2-2)。

图2-2 幼儿剪纸活动

风筝最初于春秋战国时期由墨翟研制而成,后由其学生鲁班演进为今日的多线风筝。风筝是幼儿经常接触的玩具之一,但购买的风筝大小、重量往往不适合幼儿的身心发展特点,因此应考虑幼儿的身高、力量、喜好和年龄特点,设计出适合幼儿发展的、精美的风筝。

中华传统文化历史悠久,源远流长,种类繁多。前文只是引用几种民间工艺来阐述传统文化与玩教具融合的路径,更多适合在玩教具设计中运用的中华传统文化瑰宝,等待着教师们去挖掘、去利用、去传递、去创造。

(二)从地域文化特色的角度

地域文化是特定区域的生态、民俗、传统、习惯等文明的表现。它在一定的地域范围内与环境相融合,因而打上了地域的烙印,具有独特性。《指南》在提到理解幼儿的学习方式和特点时,专门指出"要珍视游戏和生活的独特价值,创设丰富的教育环境,合理安排一日生活,最大限度地支持和满足幼儿通过直接感知、实际操作和亲身体验获取经验的需要"。在幼儿的学习中,教师需要重视幼儿身边有价值的生活经验,并有效地将经验融入活动,使幼儿更好地对活动产生共鸣，提升活动的价值。地域文化在一定程度上影响着幼儿的生活经验，幼儿的生活经验也在一定程度上反映了幼儿所处的地域文化。幼儿的生活经验是开展相关教育教学活动的基础。因此，在基于地域文化视角设计玩教具时，教师应从地域的生态环境、民俗文化、工艺特产等方面挖掘适合幼儿身心发展特点和生活经验的地域文化，将之融入玩教具的设计。

1. 生态环境

由地理条件、气候因素等构成的生态环境对人类习俗文化有重要的影响，在人与自然接触的过程中，见证自然伟力的人们往往会形成一种自然崇拜的意识，也产生一种"靠山吃山，靠海吃海"的生活方式，这些意识与方式影响着不同区域的人们的生活。生态环境既存在于幼儿生活的真实环境中，也以自身的形式影响着幼儿的生活。

在玩教具的设计中，应挖掘并融入体现生态环境特点的文化，让幼儿通过对玩教具的操作来了解地域文化，萌发爱家乡的情感，并且在此过程中获得丰富的文化知识和经验。不同地域由于生态环境不同，其文化内涵通常有所不同。例如，近海洋地域的人们往往会形成海洋文化——"海神波塞冬""妈祖天母过海""大洪水与诺亚方舟"等。中国的海岸线长达3.2万公里，其中大陆海岸线长达1.8万公里，这样的地理环境孕育了多种海洋文化。地处深圳的幼儿园在设计玩教具时可以融入海洋对人们生活的影响，设计和制作出小帆船出海、钓鱼、螃蟹爬、蚝壳建房等不同的玩教具。幼儿可以在探索这些玩教具时，提升原有的生活经验，拓展自身对本地文化的新认识。

2. 民俗文化

中国幅员辽阔，民俗文化种类繁多。挖掘民俗文化中与幼儿生活有关联、可利用的文化资源，设计和制作玩教具，不但能丰富幼儿的生活，更能让幼儿在探索时受到文化熏陶。例如，依据端午节、中秋节的民俗文化，教师可以与幼儿一起制作龙舟、灯笼（见图2-3）等不同类型的玩教具。

图2-3　自制灯笼

3. 工艺特产

我国自然资源种类丰富，不同地域有着不同的自然资源，自然资源在一定程度上影响着当地人们的生活文化及工艺特产。例如：黄土高原盛产高粱，高粱秆制品成了人们生活中随处可用的物品——高粱秆饺子帘、高粱秆蝈蝈笼、高粱秆小筐等；江南盛产竹，水乡随处可见竹筏、竹床、竹席、笛子等；华北的白洋淀盛产芦苇，人们就用它来做芦笛、扫帚，用花絮填充枕头等。因此，教师应了解、收集当地的物产资源，通过消毒、剪切等工艺，巧妙地变废为宝，制作适合幼儿的玩教具，使幼儿认识当地的物产资源，认识家乡，了解家乡，激发其热爱家乡的情感。例如，地处竹子盛产地的幼儿园可利用竹子来设计高跷、竹笛、竹蜻蜓、竹杆等玩教具，促进幼儿快乐且有价值地成长。

二、基于幼儿视角

《指南》中提出"珍视游戏和生活的独特价值，创设丰富的教育环境""最大限度地支持和满足幼儿通过直接感知、实际操作和亲身体验获取经验的需要"的要求，其根本目的是促进幼儿的各方面发展。幼儿园自制玩教具能够丰富幼儿园的一日活动，促进幼儿的全面发展。教师在设计玩教具时应该从幼儿视角出发，清晰地了解每个年龄段幼儿在认知、动作、语言、社会交往等方面的身心发展特点，设计、制作出适合幼儿操作与游戏的玩教具。

（一）3—4岁幼儿年龄特点

3—4岁是幼儿迈出家庭、走向社会的时期，幼儿从家庭进入幼儿园，开始生活与学习。由于幼儿处在一个完全陌生的新环境中，大部分幼儿会出现分离焦虑和不适应行为。为了让幼儿尽快适应幼儿园生活，形成良好的生活、学习习惯，教师在一日活动中可以设计和制作相关的玩教具，提高活动的有趣性与参与性，激发幼儿对幼儿园生活、活动的喜爱，加快他们对新环境的适应，使他们尽快融入幼儿园的各项活动。因此教师应该遵循3—4岁幼儿的认知、动作、语言、社会交往等方面的发展特点，设计适宜的玩教具。

1. 认知发展

儿童心理学家皮亚杰提出，幼儿的认知发展包括四个阶段：感知运动阶段、前运算阶段、具体运算阶段、形式运算阶段。2—7岁幼儿的认知正处于前运算阶段，这一阶段的幼儿通过语言、模仿、想象、符号游戏和符号绘画来发展符号化的表征图式。他们的认知仍然在很大程度上取决于自身的知觉。[1]

处于前运算初级阶段的幼儿由于刚度过感知运动阶段，在很大程度上仍然要依赖于具体的行动。他们喜欢摆弄玩具，借助于玩具来认识周围世界，对新鲜事物充满浓厚的兴趣和强烈的好奇心，但是由于心理发展不成熟，自我控制能力还很弱，多为无目的性行为，有意注意持续时间较短，注意的稳定性有待发展，在活动中很容易被形象生动、色彩鲜艳的事物吸引。因此在为小班幼儿设计玩教具时，应考虑他们的认知发展水平，提供一些低结构、色彩鲜艳、玩法简单、可动手操作的玩具。

2. 动作发展

幼儿动作的发展分为粗大动作发展和精细动作发展两个方面。粗大动作包括"慢跑、双脚跳、单脚跳、快跑、蹦跳"等运动技能动作以及"投掷、接物、击打、踢、拖拽"等控制物体的技能动作。精细动作包括"书写、绘画、串珠、系、扣、揉、搓、捏、夹"等技能动作。

3—4岁幼儿的粗大动作获得了较大的发展，基本掌握了走、跑、跳、钻、爬等技能。在精细动作发展方面，幼儿开始初步运用小肌肉来完成简单的活动，但小肌肉群的发育尚未完善，相对柔嫩无力，不能很好地完成很多精细动作，在日常活动中会经常出现摔倒和手眼不协调的情况。依据3—4岁幼儿的动作发展特点，教师在设计玩教具时，应该多提供一些促进粗大动作发展的玩教具，兼顾提供一些促进精细动作发展的玩教具，这样既能使小班幼儿在活动中尽兴玩耍，又能促进他们的动作发展。

3. 语言发展

3—6岁是幼儿语言发展（特别是口语发展）的重要时期。《指南》中指

---

[1] 胡谊.教育心理学：理论与实践的整合观［M］.上海：华东师范大学出版社，2009：22-28.

出:"应为幼儿创设自由、宽松的语言交往环境,鼓励和支持幼儿与成人、同伴交流,让幼儿想说、敢说、喜欢说并能得到积极回应。"促进幼儿语言发展的方式多样,可以通过开展语言教学活动来发展幼儿的语言,可以在日常交往中发展幼儿的语言,也可以通过语言游戏活动来发展幼儿的语言。而这些活动都离不开玩教具的参与,在设计促进3—4岁幼儿语言发展的玩教具时,教师需要明晰这一年龄阶段幼儿的语言发展特点。

小班幼儿正处于学习使用语言的最佳时期。他们爱模仿,对语言的运用能力使他们不再满足于只用词语来表达自己的所想所思。他们尝试用简单的句子与人沟通和表达,也会适当地运用习得的修饰语,使自己的语言逐渐丰富。由于小班幼儿的生活阅历、能力发展等因素的制约,在语言表达时,他们仍然以讲述生活中的事情为主,词汇量非常匮乏,语言逻辑相对混乱,语句不够流畅,常常带有该年龄段幼儿特有的一些口头语。因此在为小班幼儿设计促进语言发展的玩教具时,教师应考虑语言学习的情景性、练习性、互动性等特点,设计幼儿可以进行跟读、问答、故事倾听、简单讲述、多次复听等类型的玩教具,通过这些多形式的玩教具来满足小班幼儿不同的语言发展需要。

4. 社会交往

优良的社会性能够促进幼儿的健康及其他方面的发展,为幼儿形成健全的人格奠定基础,因此要重视幼儿社会性的培养。[1] 游戏是幼儿学习和生活的首要方式,玩教具是促进幼儿社会交往的工具之一,设计适合幼儿发展的玩教具尤为重要。

3—4岁幼儿在社会性发展方面,多以自我为中心,合作意识较弱,喜欢用语言和动作与同伴进行交往,交往技巧较缺乏。在日常的游戏活动和区域活动中,我们经常可以看到幼儿自己玩自己的,与同伴交流较少或经常发生争执。即使少数幼儿的合作行为初步显现,但合作的意识并不明确,合作的技能有待提高,合作的持续时间往往非常短暂。因此在为小班幼儿设计玩教

---

[1] 黄洁,石利.民间游戏对儿童社会性发展的教育价值及实现策略[J].齐齐哈尔师范高等专科学校学报,2021(5):3.

具时，应考虑幼儿的社会交往水平，个别化探索的玩具应多于合作性玩具。此外，合作性玩教具应贴近幼儿的生活经验、具有引导性。

综上所述，依据3—4岁幼儿的身心发展特点来设计的玩教具，要具备色彩鲜艳、低结构、操作简单、可个别化探索的特点。例如为3—4岁幼儿制作"捞乒乓球"玩教具，可提供数个乒乓球、一个大勺子、两个盛乒乓球的容器，幼儿就可以玩起来，用大勺子把一个碗里的乒乓球捞到另一个碗里（见图2-4）。

图2-4　捞乒乓球玩教具

（二）4—5岁幼儿年龄特点

4—5岁幼儿大多上中班了，中班在学前教育阶段中起着承上启下的作用，是幼儿身心发展的重要时期。中班幼儿已经在幼儿园里学习和生活了一年，对幼儿园的环境、教师及同伴已经非常熟悉，他们会用感官去探索、了解周围的事物，还喜欢刨根问底，试图了解清楚事情的原因。4—5岁幼儿在认知、动作、语言和社会交往等方面的发展有着独特的特点，依据幼儿身心发展的特点来科学地设计玩教具，能够更好地促进幼儿的发展。

1. 认知发展

4—5岁幼儿的认知水平仍然处于前运算阶段，但比小班幼儿有进一步的发展，他们不仅能够认识自己的动作行为，还能够比较清楚地意识到自己的心理活动。幼儿的有意行为开始发展，自我控制能力增强，集中精力从事某种活动的时间也延长了。中班幼儿对生活中陌生、新鲜的事物表现出强烈的探究兴趣，关注和探究现实生活中的具体事物，渴望了解这些事物的用途、结构、功能、属性、特征、变化等。幼儿喜欢观察多元、有变化且好玩的事物与现象，对时间概念、数量等的理解能力开始增强，初步理解事物的因果关系。因此可以根据4—5岁幼儿认知发展的特点，设计与制作操作方式多元、蕴含科学知识和原理、操作步骤稍复杂的玩教具。

2. 动作发展

4—5岁幼儿的动作发展更加完善，体力明显增强，粗大动作更加灵活，不仅可以自如地跑、跳、爬，还可以单足站立、抛接球等。他们的精细动作发展得更加灵巧，可以熟练地穿脱衣服、扣纽扣、拉拉链、系鞋带等，还会折纸、串珠，动作质量明显提高，动作的灵活性和坚持性得到提升。他们能手眼协调地完成相对复杂的操作活动，能运用简单的工具、设备对事物或现象进行探究。依据4—5岁幼儿动作发展的特点，应设计能够促进幼儿进一步发展精细动作的玩教具，并且适当地增加这类玩教具的比重。

3. 语言发展

4—5岁幼儿处于语言学习的关键期，教师和家长对幼儿的适度引导，能够促进幼儿语言的快速发展。4—5岁幼儿能够清晰地与他人交谈，特别喜欢和家人、教师、同伴交流，在交流过程中词汇量逐渐丰富，中班幼儿说的句子比小班幼儿更加完整，语义更加丰富，能够断断续续地讲清楚日常生活中的事情。相对于小班幼儿而言，他们更加愿意在集体中大方地表达自己。因此根据4—5岁幼儿语言发展的特点，应设计能够鼓励幼儿说完整的话、用简单的语言解释事情、即兴创编故事的玩教具。

4. 社会交往

4—5岁幼儿的规则意识开始萌芽，人际交往和社会适应方面有了一定的发展。幼儿更加愿意与人交往，并且在与人交往时表现得更加有礼貌，能够在集体活动中了解、学会人际交往的技巧，与同伴进行分工合作，与同伴分享成功的快乐，遇到困难会寻求他人的协助等。因此，根据4—5岁幼儿的社会交往水平，应设计能够为幼儿提供合作和交往机会的玩教具。

综上所述，依据4—5岁幼儿的身心发展特点，设计与制作的玩教具需要蕴含丰富的知识经验、操作复杂、合作性强。例如，为4—5岁幼儿制作"数字开锁"玩教具，幼儿可以点数锁上小圆点的数量，并找出对应数字的钥匙开锁，幼儿在玩的过程中能够掌握数与量的对应关系（见图2-5）。

图2-5　数字开锁

(三) 5—6岁幼儿年龄特点

5—6岁幼儿进入了大班,迎接他们在幼儿园里的最后一年,这一年是从幼儿园到小学的过渡期,也是从游戏阶段到学习阶段的过渡期。大班幼儿有了明显的个性特征,对周围的世界有着积极的求知和探索欲望,开始对自然现象的缘由、机械的运动原理等产生兴趣,一般简单操作的玩教具已不能满足大班幼儿的需求。5—6岁幼儿在认知、动作、语言和社会交往等方面的发展有其独特的特点,依据幼儿身心发展的特征科学地设计玩教具,能够更好地促进幼儿的身心发展。

1. 认知发展

5—6岁幼儿的认知水平处在前运算阶段的后期,发展好的幼儿甚至已经步入具体运算阶段的前期。幼儿开始有简单的逻辑思维,会思考事物之间的逻辑性,注意品质有了很大的提升,克服困难、解决困难的能力也有所增强,逐渐对有一定难度、需要自己探究或付出努力、有一定挑战性的内容或问题表现出兴趣。因此,根据5—6岁幼儿的认知发展特点,可以设计知识性强、蕴含多元信息、操作复杂、需要逻辑思维参与的玩教具。

2. 动作发展

5—6岁幼儿的动作协调性和灵敏性都得到了快速发展。在粗大动作方面,他们能平衡和控制大肌肉活动,有序地完成一系列的动作——翻跟头、跳绳、于行走间运球等。在精细动作方面,他们能够熟练地使用筷子,沿着曲线画或剪出图形,但部分幼儿对前书写技能的掌握不规范,在书写时会出现因用力过猛而戳破纸张,或者握笔方法不正确、肌肉紧张等问题,幼儿手部的控制能力需要进一步加强。学龄前阶段是训练幼儿的前书写技能的最佳时期,在为大班幼儿设计玩教具时要考虑其精细动作的发展,设计一些可以促进幼儿掌握前书写技能的玩教具。例如,提供沙子、铅笔、汉字卡,让幼儿用铅笔在沙子上画出汉字的形状,以练习掌握前书写技能(见图2-6)。

图2-6 沙子书写

3. 语言发展

5—6岁幼儿的语言发展具有明显的创造性特点,他们在模仿时会添加一些创造性词汇。例如,当教师给幼儿讲一个故事后,大班幼儿在重复故事内容时,通常会添加一些自己想象的新情节。幼儿喜欢在众人面前表达自己,并且能够有逻辑地表达自己的想法,但他们在表达自己的想法时往往会将现实的事情和想象的事情相混淆。因此依据5—6岁幼儿语言发展的特点,应设计出能够让幼儿敢说、多讲、尽情表达的玩教具。

4. 社会交往

5—6岁幼儿的社会性得到了进一步发展,有了与同伴相互合作、交往的需要和意愿,交往过程中同伴间的冲突变少,交往技能得到进一步提升,能够初步协商解决彼此之间的冲突,较少地请求教师帮助。此外,幼儿有了初步的自我意识和社会认知,并且有了一定的社会适应能力。[1] 幼儿的胜负欲增强,对竞争类游戏有浓厚的兴趣,独自操作的玩教具已不能满足幼儿的需要。因此依据5—6岁幼儿社会性的发展特点,教师应设计具有合作性和竞争性的玩教具,并且在为大班幼儿提供玩教具时,合作类与竞争类玩具应占主要部分。

综上所述,依据5—6岁幼儿的身心发展特点设计与制作的玩教具,要蕴含丰富的知识经验,具备挑战性、竞争性、交往性、规则性等特点。例如,在为5—6岁幼儿提供对弈棋盘时,教师可以利用身边的各种工具——硬卡纸、画布、纸箱等,为幼儿制作各种各样的棋盘,用小石子或小珠子等做棋(见图2-7)。教师可以制定游戏的规则,让两个或多个幼儿进行对弈。教师或幼儿也可以共同协商制定规则,进行玩乐。在这个过程中,多名幼儿能够在相互讨论、协商、竞争、合作中提升社会性发展。

图2-7 棋类游戏

---

[1] 李柳.浅谈如何在角色游戏中促进大班幼儿的社会性发展[J].中国校外教育,2014(29):152-155.

三、基于领域视角

《指南》从健康、语言、社会、科学、艺术五大领域描绘了幼儿身心发展的特点，并针对每个领域提出了有针对性的教育建议。玩教具作为幼儿园课程的一部分，能够促进幼儿的身心发展，基于领域视角来设计玩教具更贴合幼儿身心发展的需要。

（一）健康领域

一日生活皆课程。我国教育家陶行知先生认为，生活即教育，生活是幼儿学习的最佳场所，幼儿在生活中尽情地思考、游戏和活动，通过直接学习获得相关的知识和经验。健康领域具有生活性、广泛性、体验性的特点，依据健康领域的特点，可以把成人在日常生活中常做的事情设计成玩教具，让幼儿通过直接感知、亲身体验、动手操作获得相关的动作技能、生活技能、生活体验。

1. 生活性

健康领域的生活性是指要求幼儿在生活或者模拟生活中掌握与生活相关的知识、技能。玩教具的设计应从生活性出发，从幼儿的生活实际出发，将幼儿在生活中需要习得、掌握的相关经验、技能——叠衣服、晒衣服、擦鞋子、熨衣服、系鞋带、穿衣服、系扣子、拉拉链等融入玩教具，并选择日常生活中常见的物品——筷子、勺子、夹子、豆子、鞋子、衣服等作为原材料进行制作。基于生活性来设计玩教具能够更贴近幼儿的生活经验，例如教师可以制作穿鞋袋、梳辫子、扣扣子等玩教具（见图2-8）。这些玩教具能够与幼儿真实的生活情景相契合，激发幼儿的生活感受和探究兴趣，使幼儿习得相关的生活技能。

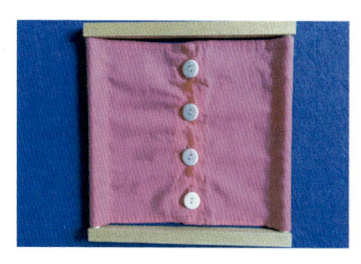

图 2-8　扣扣子

2. 广泛性

广泛性是指健康领域所涉及的内容范围广泛，不仅涉及幼儿日常生活中的动作（例如拧、夹、摁、捏、穿、倒、卷、扫、剪、擦、舀等身体动作），还包含幼儿的自我服务能力、照顾环境能力等。在玩教具的设计过程中，应该从广泛性出发，全面地设计与制作玩教具。教师既要保证玩教具设计与制作的全面性，也要确保系统性和有针对性。例如：为了使幼儿掌握"拧"这一手部精细动作，制作"拧瓶盖"玩教具，发展幼儿五指动作的协调性；制作"拧螺丝"玩教具，锻炼幼儿的三指小肌肉力量，为前书写做准备；制作"开锁"玩教具，锻炼幼儿的二指力量和手腕灵活性；制作"扫通心粉"玩教具，发展幼儿的卫生清洁技能（见图2-9）。基于广泛性来设计玩教具能够全面、系统地发展幼儿的动作技能和生活技能，使幼儿通过模拟生活场景来掌握相关的动作技能。

图 2-9　扫通心粉

3. 体验性

体验性是指健康领域要求幼儿在体验生活的过程中获得热爱生活情感的发展。玩教具的设计应从体验性出发，注重其中所蕴含的生活体验，让幼儿在操作玩教具的过程中获得与生活相关的经历和经验，体验工作、劳动、服务的乐趣，体会生活的乐趣和意义，获得积极健康的情绪发展。

（二）语言领域

语言是思维和交流的工具。幼儿的语言发展（特别是口头语言的发展）很迅速。幼儿的语言是在与周围环境的交互作用中，通过交流与运用发展起来的。幼儿的语言发展贯穿于一日生活中的时时刻刻，渗透在各个领域的活动中，对其他领域的学习与发展有重要影响。渗透性、整体性、交流性是语言领域的特点。教师可以依据语言领域的特点，设计和制作幼儿听、说、读、写的玩教具，通过幼儿对玩教具的操作与游戏，促进其口头语言和书面语言的发展。

1. 渗透性

渗透性是指语言的发展渗透在一日生活的各个环节中，渗透在一日活动的时时刻刻、方方面面，渗透在每一份玩教具的操作和游戏过程中。从渗透性出发，可以将语言的表达、交流、运用、阅读、书写等元素有目的地融入玩教具的设计，借助于生动、有趣的游戏形象和游戏情景，充分发挥玩教具的整体教育价值，促进幼儿的全面发展。

2. 整体性

整体性是指语言发展涉及听、说、读、写四个方面。听、说、读、写是一个整体，彼此相互影响，相互作用，任何一方面发展的缺失，都会影响其他方面的发展。教师应从整体性出发，有目的、有意识地针对听、说、读、写，全面地、系统地、综合地设计玩教具，借助于玩教具的整体教育功能，促进幼儿语言的全面和谐发展。

3. 交流性

交流性是指语言是交流的工具，幼儿在与他人交流的过程中不断习得和发展自己的语言。教师应从交流性出发，设计和制作具有立体感、生动形象感、情景性、开放性、互动性、生活化的玩教具，唤醒幼儿头脑中的丰富表象，创造交流的契机，激发幼儿交流的兴趣，促使幼儿在交流的过程中主动地理解他人的语言和意图，尝试用较恰当的语言来表达自己的想法和观点，进而获得丰富的词汇和相关的语言表达经验。例如，教师可以制作一个故事盒子，不限制故事的内容和玩法，让幼儿通过自己的想象来操作故事盒子中的人、物、场景，并进行故事创编，促进幼儿语言表达能力的发展。

（三）社会领域

《指南》中指出，幼儿在社会领域的学习与发展过程是其社会性不断完善并奠定健全人格基础的过程。人际交往和社会适应是幼儿开展社会学习的主要内容，也是其社会性发展的基本途径。通过在社会环境中与同伴、成人交往，幼儿不断提升自己的人际交往能力和社会适应性。教师可以通过创设浸润式的社会心理环境和物质环境，使幼儿喜欢并适应集体生活，感受到初步的归属感。社会性、交往性、浸润性是社会领域的特点，教师可以依据社会领域的特点来设计和制作促进幼儿社会性发展的玩教具，让幼儿在操作玩教具的过程中彼此合作、互相交往。

1. 社会性

社会性是指幼儿的人际交往技能和社会适应性是在幼儿园、家庭、社区中微型的、相对简单的社会环境或者模拟社会环境中获得发展的。教师应从社会性出发，设计和制作模拟家庭、社会生活情景的玩教具，创造性地再现幼儿周围的真实生活情景，让幼儿通过参与活动、角色扮演，亲身体验角色所处的社会情景，在与他人相处、表达自己的想法和情感、对他人的需要进行反馈的过程中获得社会性发展。幼儿园里常见的社会性玩教具有：邮局类玩教具、银行类玩教具、公园类玩教具等。例如，教师可以提供"开心乐园"玩教具（见图2-10），让幼儿识别公园内建筑的标识，并且将对应的标识贴在图纸上，从而了解公园内常见的设施以及整个公园的布局和规划等。

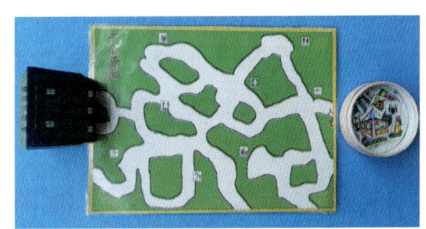

图2-10 开心乐园

2. 交往性

交往性是指幼儿在与他人沟通、交流的过程中获得社会性的发展。教师应从交往性出发，设计和制作供多人合作游戏且需要彼此密切沟通、交流、配合的玩教具，使幼儿在游戏的过程中体会到社会交往的乐趣，获得亲社会行为的发展。这类玩教具包括：医院类玩教具、餐厅类玩教具等。

3. 浸润性

浸润性是指幼儿的初步归属感、对集体和祖国的热爱是在周围环境的不断浸润、熏陶中获得发展的。教师应该从浸润性出发，设计和制作与幼儿园和祖国的风景名胜等内容相关的、蕴含简单社会任务的、需要幼儿遵守相应社会行为规范的玩教具，培养幼儿的责任感、集体感、对祖国的热爱和自豪感。例如，中国地图类玩教具能够让幼儿通过操作地图嵌板，了解中国乃至世界各个地方的位置和物产特点，培养幼儿的动手操作能力和空间思维能力。

（四）科学领域

《指南》中指出，幼儿的科学学习是在探究具体事物和解决实际问题时，尝试发现事物间的异同和联系的过程。在这个过程中，幼儿不断积累丰富的感性经验，学会发现问题、分析问题和解决问题，获得具体形象思维和抽象逻辑思维的发展。科学性、探究性、常见性是科学领域的特点。教师可以依据科学领域的特点来设计玩教具，激发幼儿的探究欲望，让幼儿在操作、游戏的过程中获得科学领域的相关知识、技能和情感态度等。

1. 科学性

科学性是指幼儿在对具体事物的探究和问题解决的过程中逐渐掌握数学和科学的相关知识、原理。教师应从科学性出发，依据数学和科学原理来设计玩教具，直观、形象、趣味性呈现数学、科学的相关知识和原理，激发幼儿的探究欲望，促进幼儿深度学习的发生。

2. 探究性

探究性是指幼儿通过对周围的事物和现象进行观察和探究，学习发现问题、分析问题、解决问题。教师应从探究性出发，设计和制作幼儿能够操作的、多功能的、多变化的玩教具，支持和鼓励幼儿的探究。

3. 常见性

常见性是指幼儿对常见的自然、生活事物和现象进行探究，并进行推理与分析，逐渐发现事物之间的联系。教师应从常见性出发，依据日常生活中常见的自然科学现象、生活现象来设计玩教具，贴近幼儿的生活经验，使幼儿在已有经验的基础上获得发展和提升。例如：教师为幼儿设计和制作了"神奇磁铁"玩教具（见图 2-11），幼儿可以通过用磁铁吸取生活中常见的物品，获得对"磁力"的粗浅认识。

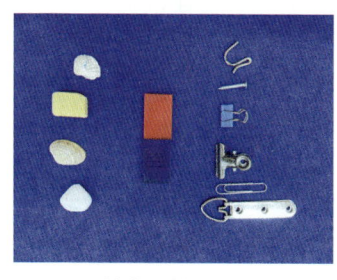

图 2-11　神奇磁铁

（五）艺术领域

《指南》中指出，幼儿艺术领域学习的关键在于教师要充分创造条件和机会，在大自然和社会文化生活中促进幼儿对美的感受和体验，丰富其想象力和创造力，引导幼儿学会用心灵去感受和发现美，用自己的方式去表现和创造美。审美性、艺术性、创造性是艺术领域的特点。教师可以依据艺术领域的特点来设计和制作玩教具，让幼儿感受美、欣赏美、大胆地进行艺术创作，初步具备艺术表现力和创造力。

1. 审美性

审美性是指幼儿在欣赏美的风景和事物、进行美的艺术创作和表现的过程中逐渐提高自己的审美能力。教师应从审美性出发，设计和制作造型美、色彩搭配美、符合幼儿审美心理的玩教具，激发幼儿对美的向往和追求，使幼儿在操作和游戏的过程中感受美、想象美和创造美。

2. 艺术性

艺术性是指幼儿在表达美和创造美的过程中，逐渐掌握艺术领域的启蒙性知识和技能，萌发对艺术美的追求。教师应从艺术性出发，设计和制作蕴含艺术领域的基本知识、技能和创作方法的玩教具（涉及基本颜色与调色原理、乐器的演奏与创作等），让幼儿在游戏的过程中掌握艺术工具和材料的使用方式和方法，习得基本的艺术知识和创作技能。

3. 创造性

创造性是指幼儿欣赏周围美的事物和风景，利用周围的艺术工具和材料进行丰富的想象、艺术表现和创作，幼儿的作品呈现出其丰富的想象、情感以及独特的感受。教师应从创造性出发，设计和制作能够激发幼儿想象和创作欲望、给予幼儿创作空间的玩教具，使幼儿在游戏与操作的过程中获得愉悦的情绪、情感体验，进行充分的艺术表达、表现和创作。

四、基于物件视角

当玩教具的"具"字为名词词性时，它有"物品"的意思。玩教具本身就是具有可玩性、教育性的物品。从物品本体的结构、外形、材质等视角来设计玩教具，将更好地发挥玩教具的作用与价值。

（一）从玩教具的结构思考

在设计玩教具时，要明确所设计的玩教具的目标与结构之间的关系，根据目标来确定玩教具的结构化程度。通过玩教具的定义可以发现，玩教具既可具备可玩性，也可具备教育性。当玩教具偏重娱乐功能时，其结构化程度呈现出相对较低的状态；当玩教具偏重教育功能时，其结构化程度呈现出相对较高的状态。

高结构玩教具有固定的形状与结构，幼儿在操作时有一定的规律和线索可循。按照玩教具提供的线索，幼儿能够较快地进行思考并完成活动，获得成就感。低结构玩教具是一些无规定玩法、无具体形象特征的材料，幼儿可以根据自己的兴趣和需要，通过多元操作、一物多用的方式进行游戏。

1. 高结构玩教具

在高结构玩教具中，游戏规则是玩教具的根本要素。不同的玩教具形态只是为游戏规则提供了一个外壳和载体，是吸引幼儿玩乐的前置条件，内在的游戏规则才能真正促进幼儿的发展。而在高结构玩教具中，幼儿需要逐步完成相应的步骤，以达到最终的成果。

在设计高结构玩教具时，设计者要以达成设计目标为导向，充分考虑玩教具需要促进幼儿技能或知识发展等相关因素，分解玩教具的操作环节，在各阶段中给予一定的提示，使每一环节达成不同的小目标，促进幼儿获得良好的体验和发展。

2. 低结构玩教具

低结构玩教具的目标相对隐蔽，材料简单但可变性强。低结构玩教具能满足儿童对操作的兴趣和需要，每一名儿童都可以按照自己的意愿、能力和想象力赋予一份低结构玩教具以独一无二的意义，甚至在不同的时间段玩耍的儿童会赋予该份玩教具以不同的意义。因此，低结构玩教具可以被儿童自由移动、重新组合、随意搭建，可以通过不同的方法完成具有个性的创造。

在设计低结构玩教具时，"有趣"是一个重要的衡量指标。儿童往往会被低结构玩教具所拥有的有趣形态、可变和可操作的外观吸引，随后探索玩教具的各种玩法，进行个性化创造。在此过程中，幼儿可能会遇到一些问题（例如，如何合理拼插、如何滚动盖子、如何黏合积木、如何组装形态等），当幼儿发挥才智和想象力来解决问题时，玩教具所承载的教育意义逐渐凸显。

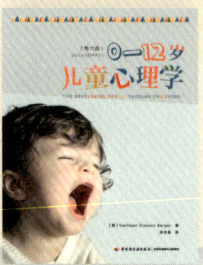
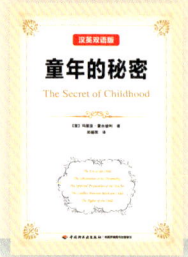

官方微店

万千教育微信公众号

/ 专业图书，陪伴您的专业成长 /

图书咨询：18610088465（微信同号）

（二）从玩教具的外形思考

在玩教具制作完成后，它最重要的使用价值就是供儿童玩耍与学习。此外，作为摆放在幼儿园里的物品，它将长时间地陪伴在幼儿的身边。玩教具的大小是否适合幼儿操作、色彩能否引起幼儿的兴趣、材质是否使幼儿感觉舒服、数量是否符合幼儿的操作范围，是影响幼儿与玩教具互动的本质要素，在设计时认真思考玩教具这些显而易见的特点，将提升玩教具对幼儿的吸引度。

1. 关于玩教具的外部形状

玩教具的外部形状是影响幼儿看到并接触玩教具的直接因素。在设计和制作玩教具时，教师要根据幼儿的年龄特点、生活经验、发展水平等设计玩教具的外形，极大地提升幼儿主动探索玩教具的兴趣。

整体外形符合幼儿喜好

玩教具的整体外形是玩教具的外形特征中最重要的一部分。一个玩教具的外形是否为幼儿所接受，决定着幼儿本身是否愿意探索玩教具的态度。在设计玩教具的外形特征时应充分考虑幼儿的喜好，最大可能地选择他们乐于接受的形象或外形。例如，在设计人物时，甜美可爱的形象会让幼儿容易接受，而邪魅丑陋的形象会让幼儿对玩教具产生排斥情绪，影响他们主动探索玩教具，削弱玩教具的影响力。同样，在外形特征方面，圆形或圆滚滚的外形特征容易得到幼儿的认可，而尖锐或扭曲的外形特征则不容易被幼儿接受。外形特征明显的玩教具容易让幼儿喜欢，而特征不鲜明的玩教具则容易让幼儿忽略。

细节构成贴近幼儿认知

儿童对物体的认知是具有连续性与阶段性的，他们通过观察、接触、体验等方式感受周围的环境。在观察的过程中，儿童更容易感知那些比较熟悉的事物或形象，而不容易感知陌生的事物或形象。由于幼儿的生活经验有限，因此在构成玩教具外形的细节图案或装饰中，应选择幼儿熟悉的人物、形象来进行玩教具的设计与制作，这样完成的玩教具会有幼儿熟悉的元素，吸引幼儿与之互动。例如，在设计户外区域的棍棒玩教具时，教师将棍棒设计成金箍棒的外形，当教师投放了棍棒材料后，幼儿能够根据已有经验，运用棍棒来模仿孙悟空并进行各种运动，促进玩教具功能的提升。

2. 关于玩教具的色彩选择

色彩是富有情感的艺术体，在我们熟知的京剧脸谱中，古人就是使用不同的色彩来表达不同的情感。每个人对色彩有自己的喜好，但色彩给予人们的感受不是一成不变的，随着年龄的增长、知识面的拓宽以及社会的变化，人们对色彩的喜好会出现相应的改变。在设计玩教具时，要注重色彩的选择，从儿童需要与物件属性两方面来综合思考玩教具色彩，更好地提升玩教具的品质。

当从儿童的需要来考虑玩教具设计时，可以从年龄、性别、个性三个维度展开。其中从年龄维度思考玩教具色彩，是从整体的角度满足幼儿的需求；从性别维度思考玩教具色彩，是从群体的角度满足幼儿的需求；而从个性维度思考玩教具色彩，是从个体的角度满足幼儿的需求。随着儿童对色彩认知度的提高，色彩对儿童心理活动和行为活动产生的影响会越来越明显，冷色调的玩教具容易让幼儿专注与安静，而暖色调的玩教具则容易让幼儿兴奋和活跃。利用这一特点，在设计玩教具时可根据不同领域对幼儿活动的要求，以及玩教具的目标要求，对玩教具的色彩进行选择，从而更有利于儿童的探索。

从年龄差异思考玩教具色彩

儿童在出生两三个月内就有分辨色彩的能力。随着年龄的增加，儿童对于色彩的认知会逐渐加强，3—6岁是儿童身心发展的快速时期。儿童对于色彩的认知是逐步递进的，不同年龄的儿童对色彩的敏感度不同。

处于小班阶段的幼儿，更容易对大块而鲜艳的物体感兴趣，喜欢符合其认知范围和贴近自然的红、绿、黄、橙等常见颜色（见图2-12）。根据研究表明，随着年龄的增长以及色彩感知能力的提升，儿童对色彩的专注性会随之递进。3—4岁幼儿已经能够识别色彩的色相和明度，5岁以上幼儿基本能识别全部的色相和大部分的明度。在色彩搭

图2-12　俄罗斯套娃

配方面，玩教具需要从简单的色彩搭配过渡到复杂的色彩搭配。随着幼儿对色彩认知度的提高，色彩对儿童心理活动和行为活动产生的影响已经充分展现，由此可以看出，在设计和制作针对不同年龄儿童的玩教具时，需要认真考虑颜色选择与搭配的合理性。[1]

从性别差异思考玩教具色彩

男孩和女孩在色彩的喜好上会有明显的差异。[2] 在一般情况下，男孩喜欢冷色系（如高纯度和明度的绿色系、蓝色系），女孩则倾向于喜欢鲜艳且多样化的暖色系。在幼儿园的活动中，为丰富幼儿的活动，教师会提供各种各样的玩教具，每一种玩教具对于不同性别的幼儿的发展都有特定的意义，但是不能做到每一种玩教具都让不同性别的幼儿喜爱，使其主动与之互动。在这种情况下，教师可以根据男孩、女孩对色彩的不同喜好，通过色彩的引导，激发不同性别幼儿的探索欲望。例如，在户外的轮胎游戏中，黑色的轮胎能引起男孩的共同兴趣，而女孩对于轮胎活动就比较被动。教师可以改变轮胎的颜色，选择鲜艳且多样化的暖色系来粉刷轮胎，甚至在轮胎上装饰好看的图案，然后将轮胎投放到游戏场地，这样在与轮胎互动时，女孩的积极性就一下子被调动起来了。

从个性差异思考玩教具色彩

色彩是生命中不可或缺的一部分，合理地运用色彩能够抒发人们内心深处的情感，表达他们想要传递的思想。感受这些色彩，则能够引起感受者心灵深处的共鸣，体会到色彩的神秘与灿烂。每一个成人都有自己喜欢的色彩，每一个幼儿也都有自己喜欢的色彩，而个性差异会使人对色彩呈现出不同的喜好。例如：精力充沛、容易冲动、个性强烈的幼儿相对喜欢红色；性格随和、乐观开朗、具有强烈的好奇心和上进心的幼儿相对喜欢绿色；有目标、重感情、讲义气的幼儿相对喜欢蓝色；而责任感比较强、细心、性格内敛且不张扬的幼儿相对喜欢黄色。

玩教具的丰富色彩有助于幼儿提高色彩认知，开阔思维广度，同时，颜

---

[1] 刘婷.智能建构设计——玩教具设计新理念［D］.南京：南京师范大学，2013：25.
[2] 李宁.浅析色彩在儿童产品中的应用［D］.北京：北京服装学院，2010：5.

色与颜色组合叠加产生的效果，可以激励儿童去思考和探索未知的事物。儿童在操作玩教具时会有意识地辨认不同的颜色。因此，在为某一幼儿设计促进其个性发展的玩教具时，可观察和分析幼儿的个性特点和颜色喜好，选择幼儿喜爱的颜色，通过颜色来激发幼儿产生互动的兴趣。

玩教具所属领域

幼儿在自主游戏或其他活动中与玩教具互动时，会有特定的场所，这些特定的场所因活动的不同，活动时的氛围会有所不同。如果所投放的玩教具是为认知区设计的，而认知区的活动氛围相对严谨、安静，那么教师在设计时可选择相对温和、统一的色彩，通过玩教具的色彩进一步营造活动区域中的氛围，促进幼儿更持续地与玩教具互动。如果玩教具投放的场所是运动区或创意区，而这些区域的氛围相对开放、喧闹，那么教师在设计时可选择鲜艳、明亮的色彩，通过颜色帮助幼儿排除干扰，提升他们与玩教具互动的热情，保持探索的持续性。

玩教具自身目标

教师可以通过设计玩教具来促进幼儿的身心发展，玩教具自身所蕴含的目标不同，在探索时幼儿会有不同的活动状态。有的玩教具能够促进幼儿形成专注、持久、认真等品质，需要幼儿在与玩教具互动时相对有序、沉着；有的玩教具能够促进幼儿养成活泼、热情、开朗等性格，需要幼儿在活动中有合作、有交流。合理利用不同颜色对幼儿活动状态的影响，可促使玩教具与幼儿活动目标的达成。

3. 从玩教具的材质思考

对于不同的玩教具，可以选取不同的材料进行设计与制作。在材质的选取上，应充分考虑到玩教具是儿童经常接触的材料，并不是在较短的时间内使用，因此需选用经久耐磨、安全性高、可塑性强的材料。在幼儿园的自制玩教具中，主要选用自然材料、人造材料、加工材料、废旧材料以及新材料等不同材质的材料。

自然材料

人类在探索世界的过程中最早接触的材料均为自然材料。木、竹、石、叶、麻等材料是最早被人类广泛运用的自然材料（见图 2-13）。自然材料在使用过程中能够带来自然、真实的感受，用于玩教具制作中有利于幼儿不断完善对自然的认知。

在幼儿园玩教具的制作过程中使用的自然材料有很多，我们将以木质材料为例进行阐述。

图 2-13　自然材料

木质材料被广泛运用于各种家具与建材结构中，是幼儿在现代生活中最常见到的自然材料。木质材料已经存在于儿童的认知结构中，用木材制作玩教具，能够让儿童很快地投身其中并进行体验。许多中国经典益智玩教具（如七巧板、孔明锁等）最早都是用木材制造的，木材制作的玩教具对儿童智力的开发具有积极的作用。

设计和制作木制玩教具时应尽量使用原木，因为原木的触感温和，夏天不烫，冬天不冰，幼儿在与木制玩教具接触时不会产生不适感，而产生一种回归自然的轻松与安全感，降低幼儿与玩教具互动时的排外情绪，使他们很快进入玩教具所设定的情境之中，提升他们与玩教具互动的有效性。

当然，自然材料中的石头、竹子等各有各的特性，充分挖掘不同自然材料的特质，将其制作成幼儿喜爱的玩教具，会促进幼儿不同方面的发展。

人造材料

随着人类社会的发展，特别是科技突飞猛进的发展，各种各样的人造材料不断涌现。目前在制作幼儿园玩教具时，因操作、收集等多方面的原因，人造材料中塑料制品的使用量是最大的。

塑料是一种高分子化合物，可任意捏成各种形状，最后能保持形状不变。鉴于塑料本身的特点，在选择塑料时要充分考虑如何实现玩教具的功能。塑料的透明性好，这是它区别于其他材料的一个较大的优点。塑料便于成型，可以任意弯曲造型，能很好地塑造出想要表达的形象。塑料制作精细，操作方便，润滑性好。例如，我们在玩转由塑料制作的魔方时，会感到非常顺手，能够达到最快的操作速度。另外，塑料比较轻便，儿童可以拿在手里并进行长时间的操作，从而进行精细动作的锻炼。我们可以发现，乐高由塑料制作而成，做工非常精细，便于儿童建构生动的形象，并且积木之间的连接非常牢固，不易散落，适合儿童长时间玩耍。不过塑料的原料是非再生资源，在高溢条件下可能会分解出有毒物质，因此在制作玩教具时需要考虑玩教具的使用途径和条件。

废旧材料

废旧材料是幼儿园自制玩教具中用得最多的材料。废旧材料成本低，创作空间大，是玩教具制作中涉及资源最多的一类材料。在幼儿园所收集的废旧材料中，有各类包装盒、不同食物和饮料容器，也有旧衣和旧包、小电器、小物件等各类材料，而这些材料又涉及纸、金属、布等各种材料的不同属性。教师在运用这些材料进行玩教具设计和制作时，较多使用的是布绒材料、纸质材料、金属材料。

使用布绒材料设计的玩教具，具有造型丰富、手感柔软、大小各异、耐压耐挤、多功能以及安全卫生等特点。同时，布绒材料的玩教具会给幼儿的心理上带来一种安全感，并且具有装饰性能。例如：在幼儿园的娃娃家中，教师自制的玩教具不仅仅是一个玩具，更多的是扮演幼儿的朋友和家人的角色。有的幼儿表现出对布绒玩具的极大依赖性，幼儿可以通过抱、摸、捏、挤、玩等，满足生理和心理的需求。

在幼儿园玩教具的制作中，纸质材料容易制作和加工，金属材料经久耐磨，二者都是教师乐意选择的制作材料。在幼儿园的玩教具制作中，还有很多其他类型的材料，特别是随着科技的发展，3D[1]打印材料慢慢成为幼儿园玩教具的制作材料，相信随着时代的发展，还会有越来越多的材料被纳入幼儿园玩教具制作中。

---

[1] 英文为"3-dimensional"，意思为三维。

第二节 玩教具的设计原则

设计玩教具是幼儿教师应具备的一项基本技能。很多幼儿教师制作的玩教具常常是欣赏性的成品玩具，幼儿可操作的、可玩耍的空间较少，不能激发幼儿的兴趣，不能促进幼儿进行持续的探究，玩教具所蕴含的教育意义和价值并不明显。其根本原因是，教师在玩教具的制作过程中，没有从玩教具的可玩性、互动性、适宜性、安全性、教育性、科学性、创新性和简易性来全面地考虑设计过程。因此，教师需要从以上八条原则出发，进行玩教具的设计与制作。

一、可玩性原则

可玩性是指在设计玩教具时要结合幼儿的兴趣，创造能够激发幼儿兴趣点的玩法，给幼儿提供直接感知、亲身体验、动手操作玩教具的机会，使幼儿在玩的过程中不断玩出创意、玩出多样，不断发现问题、解决问题，不断进行深入探究。玩教具的设计要具备可玩性是由幼儿的年龄特点决定的，幼儿阶段处于具体形象思维阶段，需要通过直接的感知操作和游戏活动来获取大量物体的表象，进而发展抽象思维。

可玩性是玩教具设计应该遵循的原则。它决定了幼儿玩耍时间的长短、玩耍过程中的探究深度。具有可玩性的玩教具能使幼儿长时间地维持兴趣，一直想主动地接触、持续地探究，并在探究的过程中获得系统和完整的经验，进而发挥玩教具的教育作用。此外，玩教具具备可玩性意味着，幼儿在探索、操作的过程中能够不断地对玩教具进行改造、创新，提出新的玩法和新的创意。因此，在玩教具的制作过程中，应该遵循可玩性原则，使玩教具具备多样的玩法，提供多样的材料，给予幼儿自我探索的空间和自我创造的机会。例如，通过"多变机器人"玩教具（见图2-14），幼儿可以充分发挥创意和想象，选择机器人零件并用钉子进行固定，制作出形态、造型多样的机器人。

图 2-14　多变机器人

二、互动性原则

互动性是指在设计玩教具时要考虑玩教具的交流、沟通作用，使玩教具满足幼儿深层次的互动、操作需求，使幼儿在玩耍的过程中获得丰富的情感体验，并获得情绪和情感的发展。幼儿的情绪、情感随着年龄的增长逐渐由简单到复杂、由低级向高级发展。玩教具的互动性能够为幼儿提供发泄不良情绪的机会，帮助幼儿舒缓情绪，愉悦身心。玩教具的互动性能够使幼儿体验日常生活的不同场景中不同人物的生活和工作，并与之产生深层次的互动，进而加深幼儿对社会生活的认知，丰富幼儿的知识经验和情绪、情感体验。

玩教具的互动性要求玩教具贴合幼儿的生活场景和生活经验，遵循幼儿的具体形象思维特点，为幼儿提供直观的、立体的、趣味性的玩教具，回应幼儿的需求，使幼儿与之产生深入的互动和交流，在操作的过程中获得观察力、想象力以及情感需求的发展。因此，玩教具的制作要遵循互动性原则，为幼儿提供各种有场景性、直观性、互动性的玩教具。例如，教师可以为幼儿提供"娃娃家"玩教具（见图 2-15），让幼儿通过模拟日常生活中的场景，体验周围的人物角色，丰富知识经验，增强同理心，发展良好的情绪和情感。

图 2-15　娃娃家

三、适宜性原则

适宜性原则是指在设计玩教具时要适应幼儿的身心发展特点，为幼儿设计和制作有针对性、能够支架幼儿发展的玩教具，促进幼儿各方面的发展。幼儿期是儿童身心快速发展的时期，不同年龄阶段幼儿的身心发展特点不同，同一年龄阶段幼儿的身心发展特点也存在差异，这就决定了玩教具的制作要遵循适宜性原则，针对幼儿的身心发展特点和个体差异，制作适宜的玩教具。适宜性原则要求玩教具的尺寸、大小、操作难易程度符合幼儿的身心发展需求。例如，在制作锻炼幼儿手部小肌肉的玩教具时，可以提供绳线让大班幼儿穿小珠子，而让小班幼儿穿大珠子（见图 2-16）。

四、安全性原则

图 2-16　串珠子

安全性原则是指在设计玩教具时要确保玩教具的材料、结构、大小、形状、重量等方面的安全。玩教具是幼儿的玩伴，可以给幼儿带来快乐，愉悦幼儿的情绪。优质的玩教具能够促进幼儿身心的全面发展，而劣质的玩教具由于设计不合理、原材料含有有毒物质、材质不够环保、做工粗糙等会给幼儿带来一定的危险。例如，边缘锋利的玩教具容易刺伤或划伤幼儿，零部件较小的玩教具容易被幼儿吸进鼻孔或塞进鼻孔。玩教具作为幼儿经常密切接触的物品，应确保安全、无毒、卫生和环保。

玩教具的安全性原则决定：在玩教具的设计与制作过程中，其制作材料不含有任何有毒物质；玩教具的材料和成品的曲线和弧度是圆的，不存在尖锐和锋利的边角，以防刺伤幼儿的皮肤、眼睛和身体的其他部位；玩教具的零部件不易太小，尽量固定牢固，不容易松散，以免幼儿吞咽、塞进呼吸道或者身体的其他部位；带线玩具的线的长度不宜过长，一般不超过 30 厘米，以免幼儿勒伤或缠绕住自己；玩教具的重量和大小要适应幼儿的身心发展特点，不宜过大或者过重，应适合幼儿的操作；有电动装置的玩教具应注意电源的使用，防止漏电；玩教具的制作材料应是环保材料，促进环境的可持续性发展；有填充物的玩教具的边缘要缝牢固，以免填充物露出或被幼儿误食等。[1]

---

[1] 刘焱.幼儿园自制玩教具活动的意义、指导思想和评价标准［J］.学前教育研究，2007（9）：24-30.

五、教育性原则

教育性原则是指在设计玩教具时应结合教育教学活动、游戏活动等一日活动各环节的需要，将相关的课程目标、教学目标融入玩教具的设计，把玩教具作为课程的一部分，运用在相关的教育教学、游戏等活动中，充分发挥玩教具的教育价值，提升幼儿的动手操作能力、合作探究能力、专注力、坚持性等，拓展和支持幼儿的游戏与学习。游戏是幼儿的基本活动，玩教具是幼儿在游戏时必不可少的玩伴，幼儿的心灵是具有吸收力的，蕴含教育目的和教育意义的玩教具能够愉悦幼儿的身心，促进幼儿各项发展目标的达成。

教育性原则要求在设计玩教具时应结合幼儿的身心发展特点，制作能够充分调动幼儿的主体性、给予幼儿操作和探索的空间、促进幼儿全面发展的玩教具，并且可以结合幼儿的实际能力，让幼儿参与玩教具的设计。例如，小班幼儿在刚入园时生活自理能力欠缺，教师可以设计"穿鞋带"（见图 2-17）、"扣扣子""穿衣服""夹夹子"（见图 2-18）等玩教具，让幼儿通过动手操作、探索，提升生活自理能力。又如，当需要制作一些纸球作为户外游戏活动的玩教具时，教师可以带领全班幼儿一起团纸球，让幼儿参与玩教具的制作，充分发挥玩教具的教育价值。

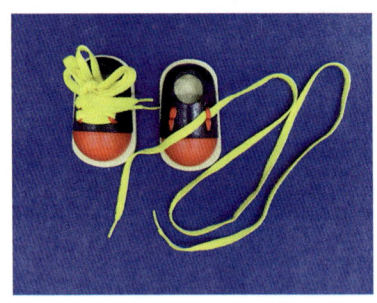

图 2-17 穿鞋带

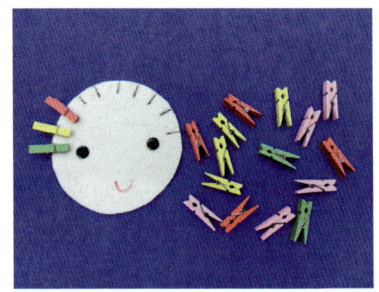

图 2-18 夹夹子

六、科学性原则

科学性原则是指在玩教具的设计中所蕴含的知识、概念、原理是正确无误的、科学的、适应幼儿身心发展特点的。[1] 玩教具设计的教育性原则决定了玩教具的教育功能，决定了玩教具要蕴含一定的学习任务，将相关的知识、概念、原理进行分解，使其具体化、直观化、形象化、立体化，让幼儿通过直观的操作、探究进行学习。而幼儿阶段的教育具有启蒙性、基础性的特点，幼儿在这一阶段所接触知识的正确性、科学性将为其今后甚至一生的发展奠定基础，因此遵循科学性原则来设计玩教具就显得尤为重要。

科学性原则要求玩教具所蕴含的知识、概念、原理等适合幼儿的年龄特点，不过于容易或者过于困难，要避免小学化，以免挫伤幼儿学习和游戏的积极性。玩教具的操作方式应该便于幼儿掌握，过于烦琐的操作步骤和流程会使幼儿失去兴趣。此外，玩教具所蕴含的教育内容应该是幼儿通过直接操作、探究获得的可视的、预期的操作结果。例如，大班幼儿比较喜欢竞技类玩教具，因此可以提供一些互动性、竞技性较强的棋类玩教具。在设计棋类玩教具的过程中，应确保棋的玩法和规则的科学性、合理性、公平性，并且与幼儿的日常生活经验相契合。

七、创新性原则

创新性原则是指所设计的玩教具的外形、结构、操作方式以及材料的选择突破已有玩教具的局限，体现出独特的设计、构思的巧妙与别出心裁。创新是一个民族发展的动力，对于玩教具的设计也是如此。创新是推动玩教具不断发展的动力，玩教具的推陈出新需要教师对已有玩教具进行思考与反思，对幼儿的兴趣和需要进行了解与观察，对新兴材料、设计艺术、创意创作的相关资讯进行关注与学习，对原有的思维模式进行突破与创新。具有创新性的玩教具能够激发幼儿的兴趣，促进幼儿掌握新的知识和经验，促进幼儿想象力和创造力的发展。

具体来说，创新性原则要求在设计玩教具时应确保使用的材料、玩法、造型等方面具有创新性。在材料方面，随着科技水平的提高，一批新材料

---

[1] 刘焱.幼儿园自制玩教具活动的意义、指导思想和评价标准［J］.学前教育研究，2007（9）：24-30.

（如魔法玉米、磁力材料等）诞生了，运用新材料进行玩教具的制作，可以确保玩教具更加环保、绿色和安全。此外，将常用于别处的材料用在新的方面，并呈现出较好的效果，也是一种创新。在玩法方面，玩法创新的前提是观察幼儿的兴趣和经验，结合幼儿的兴趣点开发与制作玩教具，设计具有开放性且能发挥幼儿自主性、想象力和创造力的玩教具。在造型方面，玩教具应不局限于已有玩教具的样式、造型，可以融入现代科技和文化元素，创造集趣味性、科技性、时代性为一体的玩教具。

八、简易性原则

简易性原则是指在设计玩教具时应结合幼儿园的实际情况，结合当地的材料特色，就地取材，选择成本较低廉、随处可见的材料进行制作，并且在制作的过程中尽可能地避免较为烦琐、复杂的制作步骤和难度较高的制作技巧，实现制作过程简单、使用便捷。玩教具能够大大地丰富教师的教育教学活动，在一定程度上解放教师。教师可以利用间隙时间和废旧材料来设计玩教具，制作过于烦琐的玩教具在一定程度上会占用较多的时间，会给教师带来工作压力，不利于教师处处创作、时时创造玩教具，丰富自身的课程意识。

简易性原则要求在设计玩教具时从极简思维出发，科学地设计玩教具的每一个细节，去掉冗余和不必要的部分，保持玩教具的精简，选择随处可见的材料进行制作。例如，在制作"天平"玩教具（见图2-19）时，教师通过两个塑料容器和一个底座，制作成一个简易版的天平，并提供砝码供幼儿游戏。

图2-19　天平

🔔 本章小结

教师应充分发挥玩教具的"可玩性"与"教育性"功能，让玩教具丰富幼儿的生活，丰富课程的内涵。本章详细阐述了教师在设计玩教具时应遵循可玩性、互动性、适宜性、安全性、教育性、科学性、创新性和简易性等原则。本章还重点介绍了教师在设计玩教具时，应从不同的视角来思考：从文化视角思考如何继承和创新传统文化，让玩教具贴近幼儿的生活；从幼儿视角思考幼儿的兴趣与需要，让玩教具符合幼儿的最近发展区；从领域视角思考《指南》或《纲要》在各领域对幼儿的发展提出的期望，让每名幼儿实现个性化且全面的发展；从物件视角思考玩教具的外形、颜色等显性特征，增加玩教具的吸引性，提高幼儿的探索与研究兴趣。

本章思考

1. 请你自己或与同伴合作选择一份玩教具，然后根据玩教具的设计原则对该玩教具进行分析，并写出简单的分析报告。

2. 从文化视角思考，除本书所介绍的方式与内容外，你还能挖掘出哪些文化因素并进行玩教具设计？

3. 请结合 4—5 岁幼儿的年龄特点，从幼儿视角设计一份促进幼儿身心发展的玩教具。

第三章

玩教具制作策略与方法

📖 本章导读

我的手不巧，怎么做出好看又好用的玩教具？

在教研会议结束前，根据园教学计划中提升教师玩教具的设计与制作能力的要求，每位教师都需要设计与制作一份新颖的玩教具，并且在下一次教研会议上进行展示。这时，一位刚毕业不久的新手教师开玩笑地表示，她的手一直很笨，不够灵巧，制作出来的玩教具估计会很丑，也不好用。听罢，一位有经验的教师表示，在刚开始制作玩教具时她也有相同的顾虑和担心，但是经过几次的试验发现，如果了解制作材料的特点、恰当地选择材料和制作工具，在制作的过程中遵循玩教具制作流程和要素，那么制作出来的玩教具就不会太差。其他教师纷纷赞同有经验教师的观点，并且鼓励新手教师在制作的过程中遇到困难时同大家一起商量，共同解决。

从上述教师间的交流和互动可以看出，在设计与制作玩教具的过程中，由于已有经验缺乏，对制作玩教具的材料不够了解，对常用的制作工具不熟悉，缺乏与制作流程相关的程序性知识，教师会产生畏难和退缩的情绪。然而如果教师熟练掌握玩教具设计与制作的策略，并结合已有经验，那么就能够制作出适合幼儿发展、兼具欣赏和实用价值的玩教具。

玩教具的制作材料来源广泛，种类繁多。每种材料都具有独特的特点，教师应该发掘身边可利用的材料，充分探索每种材料的特性，选择适宜的制作工具，依据玩教具设计与制作的流程、方法与策略来开展相关的制作活动，为幼儿创造丰富且高质量的玩教具。

第一节　玩教具的制作材料

玩教具的制作离不开丰富多样的材料，材料是玩教具制作的重要元素，材料的材质直接影响着玩教具的最终效果。通过艺术的手段，材料可以呈现出不同的视觉效果，给人以不同的心理感受，体现出玩教具的生命力和特点。玩教具的制作材料按照来源分，可以分为自然材料、废旧材料、购买材料；按照材质分，可以分为纸类材料、布类材料、泥类材料、自然材料、金属材料、塑料类材料等。每种材料都具有其特点，可以运用在不同类型的玩教具及其不同部位的制作中。

一、玩教具制作材料来源

制作玩教具的材料来源非常广泛，可以来源于自然界中未经加工的天然材料（如树叶、石头、羽毛、树枝等），也可以来源于废旧材料（如纸箱、奶粉罐、可乐瓶等）。自然界的材料、废旧材料有时并不能满足玩教具的制作需要，因此，可能需要购买一些未经使用的加工材料（如橡皮泥、卡纸、不织布、洗洁精、小苏打等）。

（一）自然材料

自然材料顾名思义是指自然界中存在的、未经加工的天然材料。如今，人们越发欣赏自然材料所带来的视觉冲击和自然气息。自然材料可以激发幼儿的已有经验，唤醒幼儿探索的欲望，培养幼儿的观察力、感受力和探究能力，促进幼儿创造性思维的发展。祖国的大好河山、幼儿园和周边的社区、街道、公园中蕴含着丰富的自然资源，合理地利用自然资源可以节省财力、节约资源、保护环境，幼儿园应该引导教师、幼儿及家长亲近自然，关爱自然，调动其收集自然材料的积极性，成为自然材料的关注者、收集者、提供者，参与幼儿园玩教具制作材料的收集，丰富园所的自然材料资源。

（二）废旧材料

废旧材料是指人们使用过但可以再次加工利用的材料，分为废旧类纸材料、废旧类木制材料、废旧类金属材料、废旧类塑料材料等。废旧材料中常见的有金属丝、奶粉罐、纸箱、报纸、纸杯、塑料瓶、纽扣、雪糕棒、布制品等。日常生活中的废旧材料种类繁多，造型各异，取之不尽，用之不竭。通过利用废旧材料本身的形状和结构特点、材料所呈现的视觉信息和所具有的独特肌理，教师可以进行丰富多样的艺术设计与创作。循环利用废旧材料能够节约资源，建立环境友好型社会。从幼儿园到家庭、从家庭到社区，废旧材料无处不在。幼儿园应该加强教师、幼儿及家长的环保意识，使他们了解生活中各种物品的名称、材质和用途，发动他们一起收集废旧物品，在生活中做一个有心人，对收集到的废旧物品进行分类、消毒以及收纳，利用一切可利用之物，进行玩教具的设计与制作。

（三）购买材料

购买材料是根据玩教具设计与制作的需要而需购买的材料，通常为半成品，是经过加工但尚未使用的材料。购买材料种类丰富，一般分为美工材料和生活用品。常见的美工材料有铜版纸、橡皮泥、卡纸、玻璃纸、棉布、麻布、不织布、超轻黏土、陶泥等；生活用品为洗洁精、剃须泡、醋、食用盐、小苏打等，这些生活用品常被运用在科学领域玩教具的设计与制作中。

二、玩教具制作材料类型

随着现代科技的发展，新型材料不断涌现，材料类型越来越丰富多样，为玩教具的设计与制作提供了空前的创作空间和自由。玩教具制作材料一般分为纸类材料、布类材料、泥类材料、自然材料、金属材料、塑料类材料等，每种类型的材料各具特点和应用价值。

（一）纸类材料

1957年5月，我国考古学者在陕西省西安市郊灞桥砖瓦工地上发现了一座古墓，在对墓的挖掘中发现了麻纸（又称灞桥纸）。经鉴定，该纸在西汉时期已经诞生了，是世界上最早的植物纤维纸。造纸术作为我国的四大发明之一，有着悠久的历史。造纸技术的发明和广泛使用，推动了世界文明发展的进程。纸的种类多样，按照质地和柔韧性来分，纸可以分为皱纹纸、打印纸、牛皮纸、宣纸、瓦楞纸、箱板纸、亮光纸、卡纸、吹塑纸、砂纸、铜版纸、锡箔纸、玻璃纸、海绵纸等。纸类材料的价格便宜，取材广泛，具有一定的吸油性、适度的透光性，其光滑、轻盈的质地，给人以轻便之感。纸类材料易加工，是可回收材料，较为环保。不同的纸类材料由于质地不同，通过使用不同的加工制作方式能够呈现出不同的艺术效果。

箱板纸、海绵纸、皱纹纸、卡纸、打印纸是玩教具制作过程中较为常用的纸类。箱板纸质地较硬，厚度、耐破度都很高，具有一定的抗水性（见图3-1），对制作者的手部精细度和力量有较高要求，常用来构造玩教具的立体结构，例如用于班级秘密小屋、户外大型迷宫的制作。

图3-1　箱板纸

海绵纸、皱纹纸质地较为柔软，并且轻便、色彩丰富。海绵纸具有较高的柔韧性，能够随意弯曲折叠但不断裂。海绵纸、皱纹纸制作出的造型形象逼真，常用来制作人物的头饰、食物、鞋子、帽子、衣服等生活用品。卡纸比箱板纸要软，比皱纹纸要硬，具有一定的厚度，表面光滑，色彩多样且明亮，容易塑型（见图3-2）。卡纸可以被用来制作

图3-2　各种颜色的卡纸

立体玩偶、动物及其他物品（如青蛙、飞镖、飞机等）。

打印纸质地轻薄，平滑度、抗水性、白度较好，教师可以在纸张上绘画或者打印字母、符号来制作玩教具的标识、标签等。

（二）布类材料

纺织技术的出现为布艺文化的产生奠定了基础。我国古代民间的布艺主要以布为原材料，结合自然、生活中的审美元素、图腾信仰，制作出工艺精美、色彩搭配鲜明、柔软温暖、深受幼儿喜爱的布玩偶等玩具，常见的有布老虎、布荷包、香袋、绣球。布按照面料材质分为棉布、雪纺、麻布、棉麻布、丝质布、针织布、氨纶布、牛仔布、不织布等。废旧的布制品，例如手套、袜子、丝带、毛巾等也可用来制作玩教具。布类材料的种类丰富、色彩和花纹繁多、柔软、韧性好、能拉伸、可清洗、安全耐用、常给人以亲切温暖之感。整合利用不同质感、纹路的布能够塑造出变化多样、新颖别致的造型。布类材料随处可见，安全环保，可以通过废物利用制作出具有装饰性、实用性的物品来美化环境。不织布、棉布以及手套、袜子等布制成品是玩教具制作过程中较为常见的材料。

棉布较为柔软舒适、吸水性较高、透气，常用来缝制布偶、布沙包、布棍等。

不织布又称为无纺布，是一种新型材料。不织布不是纺织而成的，而是采用一种类似造纸的工艺由纤维制作而成——将纤维进行随机或者定向排列，形成纤网结构，然后采用机械或者化学方法加固。不织布具有纸的特性，无论怎样裁剪都不会像其他布一样散开纤维，其外观和某些性能与布相似（见图 3-3），可以用来粘贴或者缝制。与棉布及其他常规布相比，不织布更厚更硬，容易进行塑型。此外，不织布具有防潮、透气、无毒、无刺激性、容易分解、裁剪和缝制方便、质轻、色彩艳丽等特点。不织布制作的物品形象逼真，因此它常用来制作布贴画、

图 3-3　色彩缤纷的不织布

布偶、布书等。

手套、袜子等布制成品具有独特的造型和质地。在玩教具的制作过程中，教师常常借助于其已有的造型进行剪裁、缝制、填充、组合等，制作造型各样的手偶、玩偶等玩教具。

（三）泥类材料

泥土是上古时代最普遍、常见、易于使用的雕塑材料，激发了古人的创作热情和潜能，成为创作生活用品和艺术品的原材料。泥塑艺术作为一种古老淳朴的民间艺术，伴随着中华民族的历史发展流传至今，成为具有浓厚地方特色的传统艺术。泥土的产地遍布全国，著名的产地有无锡惠山、天津、河南浚县、山东高密等。泥土根据材质可以分为超轻黏土、陶泥、橡皮泥、水晶泥等。泥土作为较为常见的材料，具有较强的可塑性和黏性，可以随意地进行艺术创作，塑造多种形象。超轻黏土、橡皮泥、陶泥是玩教具设计与制作过程中常见的材料。

橡皮泥又称为油泥，色彩丰富、黏性较强、易于粘接、相对较软，是一种使用方便且安全卫生的泥塑材料。但是它的材质会随着周围温度的变化而改变，成品容易干裂，不宜保存，一般难以进行较大立体物品的制造，常用来制作故事盒子、小车、小动物等。

超轻黏土（见图3-4）又称为太空泥，是一种新型的软雕塑材料，具有材质细腻、不粘手、好粘接、拉伸效果好、可塑性强、颜色多样且容易配色、可风干定型等特点。与橡皮泥相比，超轻黏土易干燥、不易开裂，风干后的作品轻便、不易变形，作品保质时间较长。因此它常用来与塑料瓶、纽扣、简易汽车等相结合，创作出各类动物、植物、生活用品等（见图3-5）。

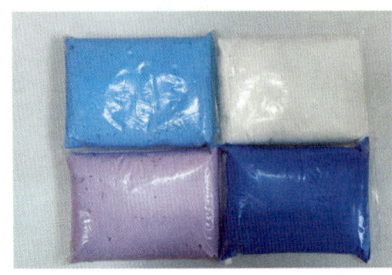

图 3-4　超轻黏土

图 3-5　雪人与汽车

陶泥也称为黏土，一般来自黏性强、无杂质、含沙少的泥土，是大自然中较为普遍的自然资源。陶泥取材方便，经济适用，其作品可以长时间保存，但是由于取自泥土，也存在不卫生、风干后容易开裂等缺点。陶泥常用来制作茶壶、茶杯等日常生活用品。

（四）自然材料

树叶、花瓣、树枝、秸秆、竹子、木板、圆木块、蛋壳、羽毛、石头、贝壳、种子等都是自然材料（见图3-6）。自然材料具有独特的自然纹理和自然造型，带有自然的痕迹。自然材料丰富多样，可分为植物类材料、动物类材料和矿物质材料等。大自然是色彩搭配大师，自然材料的色彩丰富多样，缤纷绚丽，呈现出朴素、亲切、舒适、原始、具有生命力的特点。

图3-6 自然材料

在天真烂漫的童年里，幼儿常将树枝作为马或武士的剑，将树叶、石头作为食物进行自由游戏，拿起石头打水漂、投掷……树枝、树叶、圆木块、石头、蛋壳、种子等是经常运用在玩教具的制作与应用中的自然材料。

树叶的形态是面状的。树叶的种类多样，这决定了树叶的形状、颜色和大小的多样性，可以运用各种形状、颜色、大小的树叶进行拓印或制作树叶拼贴画（见图3-7）、

图3-7 树叶拼贴画

色盘，或者让幼儿按照树叶的颜色进行分类等。

树枝的形态是线状的，运用带分叉的树枝可制作弹弓、小人，运用柳枝可以编花环、做柳笛等。

石头的形态是块状的，可以借助于石头的形态进行绘画或涂鸦，将石头摆出不同的字母、造型等。

种子的形态是点状的，可以让幼儿通过夹种子来锻炼手部精细动作，也可以运用种子制作粘贴画。种子之间的相互碰撞可以发出自然之声，可以用来制作声响类玩教具。

蛋壳的形态是立体的，其表面光滑干净，可以在表面上进行绘画，制作成不倒翁或立体玩偶。

自然材料丰富多样，可以通过巧妙的构思将自然材料制作成创意多样的玩教具。例如：运用自然材料制作二十四节气图案；让幼儿寻找自然材料，放在白纸上描绘其形状；画出几何形状，让幼儿寻找自然中的形状；画出不同的脸，让幼儿寻找自然素材，拼贴出不一样的发型等。

（五）金属材料

金属材料种类繁多，铁丝、铜丝、电线、吸铁石、铝质和铁质瓶子、奶粉罐等是玩教具设计与制作过程中常用的金属材料。金属材料有韧性、有金属光泽，部分金属有磁性，能够给人以较强的视觉冲击和理性的科技感。收集多种金属材料，对其进行组合、搭建，刷上颜料，能够创设出极具科技感与工业风的艺术环境。

铁丝、铜丝、电线等线状的金属材料常用来折弯，制作成小人、自行车、蜻蜓、耳环等物品；还可以将金属材料作为骨架，与纸等其他材料结合，制作出各种艺术作品。

瓶子、奶粉罐等立体的金属材料，可以利用其原形或者进行切割重构，配上色彩、五官、图案的点缀，制作成各种各样的可爱玩偶，组装成小椅子、梅花桩，或者放在户外让幼儿进行大型搭建。

吸铁石等具有磁性的金属材料常运用于与磁力相关的实验或者教具的制作中，例如用吸铁石来制作小猫钓鱼的玩教具，鱼竿和鱼都具有磁性。

（六）塑料类材料

塑料是生活中随处可见的材料，种类丰富。瓶子、盖子、光盘、夹子、PVC 管、吸管、包装盒、尼龙绳等都是玩教具设计与制作过程中常用的塑料材料。塑料材料具有轻便、耐腐蚀、绝缘、可塑和有弹性等特点。

塑料瓶、塑料筒等立体的塑料材料，具有一定的可塑性，可以借助于其原有形状或者切割重构，搭配其他材料，制作成各种造型的物品（如扫地机器人）。

吸管等线状的塑料材料，色彩丰富，质软轻盈，可以通过剪切或粘贴，制作成各种长度、造型的吸管，然后与其他材料进行组合，产生新的玩教具。例如，吸管与水、塑料瓶组合，可以制作出与压强相关的玩教具（如彩虹瀑布）。

PVC 管比吸管的质地要硬，不易切割，可以用来拼装成各种造型，制作体育器械相关的玩教具，例如制作跨栏、足球门等。

第二节　玩教具制作的工具

在幼儿园的日常生活中，教师们常常难以弄懂玩教具制作工具和材料的区别，也常常为固体胶是材料还是工具争论得热火朝天。究竟什么是工具？什么是材料？幼儿园玩教具的制作工具是什么？又包含哪些？《现代汉语词典》中"工具"一词的解释为："进行生产劳动时所使用的器具，如锯、刨、犁、锄。""材料"一词被解释为："可以直接制作成成品的东西；在制作等过程中消耗的东西。"在幼儿园的语境中，通俗来讲就是在工作完成后，看其是否成为一件新东西，以此来判断此物品是工具还是材料。比如：剪刀在工作完成后还是剪刀，形状和功能都不会随着被使用而发生变化，但是固体胶在工作完成后已"面目全非"，不复存在，所以固体胶是材料，不是工具。故由此推论：工具是一种辅助形式的存在，能够帮助我们实现目的，是一个第三方的存在，独立于我们的最终目标之外；但是材料有别于工具，它是最终目标的一部分，不可分割。

工具是如此,玩教具制作的工具亦是如此。玩教具制作的工具即为在玩教具制作过程中所使用的器具,如计算机、牙刷、直尺、电热泡沫切割笔等(见图3-8)。在玩教具制作过程中,适当地选择和使用工具,将会带来事半功倍的效果;反之,则会劳神费时。本书中将制作玩教具常见的使用工具按其本身性能分为四大类:电动工具类、手动工具类、测绘工具类及其他类(见表3-1)。

图3-8 常见制作工具

表3-1 幼儿园常见玩教具制作工具分类表

常见种类	电动工具类	手动工具类	测绘工具类	其他类
名称	计算机、打印机、过胶机、电热泡沫切割笔、小型手持电动打磨机、热熔胶枪及电筒……	压花机、打孔机、钳子、棉签、牙刷、牙签、吸管、剪刀及刻刀……	直尺、三角板、量角器、卷尺、圆规、带有刻度的切割垫板、天平……	……
功能	借助于电能,具有设计、切割、打磨、粘贴等功能的工具	进行剪裁、塑形、组合等所使用的工具	辅助进行规范测量或绘画的工具	……
备注	熟练掌握使用技巧,注意用电安全	切记按照正确的方法使用,注意安全	精确使用测量工具,以确保数据准确无误及玩教具的美观	……

一、电动工具类

电动工具,顾名思义就是教师借助于电能用于设计、切割、打磨、粘贴等的工具。幼儿园里常见的电动工具有计算机、打印机、过胶机、电热泡沫切割笔、小型手持电动打磨机、热熔胶枪及电筒等。我们可以使用计算机来打印图片，方便快捷；用过胶机来塑封打印好的图片、文字等，以增加其质感、增长其使用寿命；用电热泡沫切割笔来雕刻 KT 板[1]、泡沫等，使之刻出来的图案更加生动形象，边缘更加平滑；用小型手持电动打磨机来打磨那些修剪不平整的木棍或木盒子，以保护幼儿的手部或身体不被刺伤……但在熟练掌握使用技巧的同时，要注意用电安全。

二、手动工具类

手动工具，即教师在玩教具制作过程中进行剪裁、塑形、组合等所使用的工具。幼儿园里常见的手动工具有压花机、打孔机、钳子、棉签、牙刷、牙签、吸管、剪刀及刻刀等。压花机省时省力，将所需材料直接加入中间部位，用力下压即可得到各种各样的图案。钳子可以将坚硬的铁丝等材料裁剪或变形为所需形状。牙刷、牙签、吸管等可以与黏土搭配使用：将牙刷上密集的刷毛，在黏土上轻轻按压，就会呈现出纹理，草坪、松软的蛋糕等都可以借助于牙刷来造型；牙签可以代替很多非常尖锐的针状工具，黏土的细节部分"签"到成形，使用起来更加方便、安全；用剪刀将吸管裁成 U 形，可以制作出黏土上的鱼鳞、小人的微笑嘴等。

三、测绘工具类

测绘工具，即在玩教具制作过程中辅助教师进行规范测量或绘画的工具。幼儿园里常见的测绘工具有直尺、三角板、量角器、卷尺、圆规、带有刻度的切割垫板、天平等。为保证玩教具在制作时规格更加精确且外观精美，在测量长、宽、高和绘制圆形、长方形、梯形等图形时，常常需要尺子、量角器、圆规等工具。当需要裁剪或切割纸类时，带有刻度的切割垫板和尺子给我们提供了工整、快速切割的途径。

---

[1] 是一种由聚苯乙烯颗粒经过发泡生成板芯，经过表面覆膜压合而成的一种新型材料。

四、其他类

由于幼儿园涉及的玩教具制作工具种类较多，像一些"辅助类型"的工具（比如瓶盖、硬币、积木块等），本书中未能一一列举，这些与涉及多方面功能的工具或其他工具统称为其他类工具。但无论是哪一类工具，它们最终所达成的目标都是一致的，即帮助教师以更加快捷、高效的方式制作玩教具。

第三节　玩教具制作流程与方法

《指南》中提到："理解幼儿的学习方式和特点。幼儿的学习是以直接经验为基础，在游戏和日常生活中进行的。要珍视游戏和生活的独特价值，创设丰富的教育环境。"玩教具是指幼儿在学习、活动中使用的玩具、教具，是教育环境的重要组成部分，幼儿通过对玩教具的操作和探究来获得成长与发展。高质量的玩教具对教师设计与制作玩教具提出了更高的要求。

一、玩教具的制作流程

俗话说，"八仙过海，各显神通"。在不同玩教具的制作过程中，每一个环节都拥有各自极具特色又相辅相成的一面。在制作过程中，因为每个人的思维与行事路径不一样，每个人需要的环节数量及顺序并不是一成不变的。不过，按照一般的制作规律，玩教具的制作流程可大致分为：构思初创、科学设计、甄选材料、动手制作、精致美化、调整完善。

（一）构思初创

构思初创是整个流程的灵魂部分，主要是通过在大脑中构成思维的想象画面，对玩教具的大致造型、结构、色彩与功能等因素和所使用的材料、工具以及操作过程中的影响因素进行全面的设计与思考。构思是一种内在思维逻辑的准备。

（二）科学设计

科学设计指通过绘画、搭建等合理的方式在平面显现最初的思维逻辑准备，给制作的灵魂部分添加组织结构，使构思更加清晰明了、直观，最终形成可执行的玩教具制作方案。这个方案包括所制作玩教具各部分的大小及比例，按照此方案可立即投入制作。此环节既可以独立于构思之后，亦可与构思平行。

（三）甄选材料

甄选材料指精心选择适宜的材料。它是构思和设计的实施保障。选材有"因意严选材"和"因材巧施艺"两大原则。"因意严选材"强调依照构思和设计严格地选择和利用材料，然后在接下来的制作过程中不断调整、改造，最终完成制作。"因材巧施艺"则强调材料的启迪性，指根据已有材料加以构思和设计，与"变废为宝"有异曲同工之妙，故此处的选材环节可与构思和设计环节颠倒顺序。

（四）动手制作

动手制作是整个流程的核心部分。简单来说，动手制作就是运用选择好的适宜材料，通过人工或辅助工具的加工，完成玩教具作品的过程。在制作过程中，制作工艺不应追求复杂、烦琐，应竭力遵循安全性和科学性原则。例如，在一些木制玩教具中使用的木棍、竹子等一定要打磨好（见图3-9、图3-10），确保危险系数为零后再投入使用。又如，当需要粘贴材料时，切记要根据材料性质来选择粘贴物，使之牢固、耐用、耐玩。制作方法应依据材料的性质和特点进行合理选择。

图 3-9　木棍

图 3-10　打磨好的木棍

（五）精致美化

精致美化即借助于一些辅助材料，通过涂画、粘贴、打磨等方法对玩教具实施"美颜"特效，增强玩教具的视觉美感，使之不仅具备操作使用功能，还能够培养幼儿欣赏美的能力。

（六）调整完善

调整完善即教师通过观察幼儿与玩教具"对话"的过程，将玩教具进行更加适宜的调整。教师可以将制作后的玩教具成品交给孩子，任之自由操作或创造玩法，教师在一旁观察孩子们的操作反应，并思考：如何调整才能进一步提高幼儿对操作玩教具的喜爱度？如何调整才能使幼儿的操作更加顺畅？如何调整才能使玩教具对幼儿的挑战度更加适宜……

二、玩教具的制作方法

我国著名的教育家叶圣陶说过"教无定法"，意为在教学中并没有什么必定要遵守的方法，只要可以达到教的目标和学的目的，一切合法的、合理的方法都是可以采取的。这种定义方式对界定玩教具制作方法来说同样适用。无论是从材料的种类上，还是从材料的外形上来归纳制作方法，只要我们能够按照其中的一种方法进行制作，并最终制成玩教具，那么这种方法就是合理的。

在这个信息大爆炸的时代,无论是哪一种方法,都离不开教师的创意想法。同样是一张纸放在桌子上,有的教师看到的就是一张普普通通的 A4 纸,而有的教师看到的却是一张可以折叠出各种小动物且可以进行动物故事创编的语言游戏的原材料。所以不管我们选择使用什么方法,最为可贵且重要的是要有一颗专业且爱创造的心。接下来,本书将从材料种类的角度和外形的角度分别进行举例说明。

(一)材料种类角度

从材料种类的角度进行玩教具制作的方法可分为两类:一类为单一材料新创意法,另一类为多种材料再创造法。在多种材料再创造法中按照不同材料的组合方式,又可以分为:同类组合法(同类型的材料组合)、分解组合法(同种材料分解后重新组合)和混搭组合法(不同类型的材料组合)。

1. 单一材料新创意法

单一材料新创意法即为单一地使用一种材料并赋予其新的创意,使之成为可供幼儿操作的玩教具的方法。例如,纸杯飞行器(见图 3-11)所需要的材料仅为一个纸杯,借助于辅助工具——剪刀,沿着杯口垂直剪开至杯底一两厘米处,并且将纸杯口径处均匀剪开,然后向外打开杯口与杯底平行,这样一个充满童趣的纸杯飞行器就制作成功了。如果你的班级在二楼或者二楼以上,那么将其从阳台上旋转丢下,定会听到孩子们的欢呼声!如果你想借此试着引导孩子们去观察不同图案在降落时的差异,那么就可以在纸杯上画不同的图案来供他们欣赏、观察。

图 3-11 纸杯飞行器

2. 多种材料再创造法

多种材料再创造法是玩教具制作方法中最常见的方法,即将两种或两种以上的原理、功能、材料等有机地、创造性地组合在一起,从而获得一种新的原理、功能、材料的方法。同类组合法、分解组合法和混搭组合法都是常用的组合方法。

①同类组合法。

同类组合法是指两种或两种以上的相同或相近物的组合。同类组合法是在保持事物原有功能或意义的前提下，通过数量、造型、色彩变化来弥补形象上的不足或得到新的造型。我们可以将多种功能、形态相似的事物组合在一起，使一物多用；也可以将大小不同的同类材料组合在一起。

例如，在制作"大鱼吃小鱼"玩教具（见图3-12）时，教师所需要的材料仅仅是三个纸杯。教师先将其中的两个纸杯用双面胶粘叠在一起，使其旋转不得；然后在另一个纸杯上用彩色笔画出一条张大嘴巴的大鱼，在嘴巴张开方向的前面裁剪出一个镂空的长方形和一个小圆形，并将其粘叠在固定的两个纸杯上；最后旋转内侧纸杯，在外侧纸杯镂空处绘画（长方形内画小鱼，小圆形内填写数字）。绘画时要按照数序先画一条小鱼，然后画排列整齐有序的两条、三条、四条、五条小鱼，绘画结束后将对应的数字写在下方的小圆形内，完成玩教具的制作。

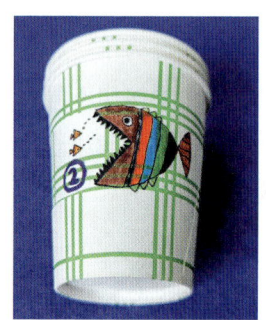

图3-12　大鱼吃小鱼

②分解组合法。

分解组合法即将多对基因复杂的综合性状分离为单一性状，按分离定律一对对进行分析，然后根据数学概率中的加法和乘法原理进行组合。[1]我们可以将玩教具制作的分解组合法归纳为在原材料的外形与材质基础上，把材料的结构进行切割、拆解，重新组合成新的结构和造型的一种方法。

例如，在"蜗牛穿穿乐"玩教具（见图3-13）的制作中，需要的材料有硬纸板、彩色吸管、火柴

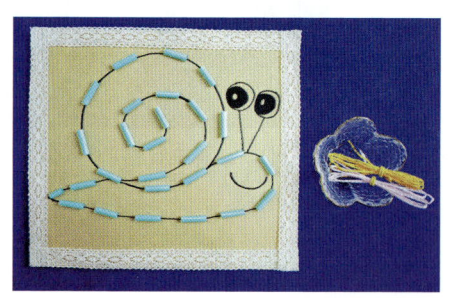

图3-13　蜗牛穿穿乐

---

[1] 邹雪.解自由组合定律试题的快捷方法——分解组合法［J］.教育界，2011（7）：122-128.

棒、毛线和彩色笔等。教师先在硬纸板上用彩色笔画出蜗牛的轮廓，然后就到了至关重要的一步——将长长的吸管均匀剪开，用胶枪将其固定在蜗牛的轮廓上，每一节吸管需要留出合适的距离，方便幼儿穿过毛线。由于毛线太软，对于手部小肌肉尚未发展成熟的幼儿来说，将其穿过吸管的难度太大，不利于幼儿自信心的建立，故将毛线的一端与火柴棒粘连，以提高幼儿操作的成功率，增强幼儿的自信心。如果教师不将吸管进行"分解"，以动物轮廓的形状来组合吸管，而仅仅用一根长长的吸管，供幼儿穿过毛线，那么恐怕这份玩教具在幼儿园里将"无人问津"。

③混搭组合法。

"混搭"一词最早出现在时装界，即混合搭配，就是将传统意义上由于地理条件、文化背景、风格、质地、价格等不同而不相组合的元素进行搭配，组成有个性特征的新组合体。依据上述定义，混搭组合法就是将各种材料、色彩、功能、风格等根据一定的形式法则组合在一起。关键是混搭得合理，在冲突和变化中能够得到平衡和统一，同时给人以耳目一新的感觉，具有一定的独特性。比如，在制作"狮王的鬃毛"玩教具（见图3-14）时，教师可以将卡纸、订书机（装有钉子）和看似毫不相干的毛线搭配在一起。首先，在卡纸上画出狮王的头部；然后，将其按照轮廓的边缘裁剪；最后，用订书机将毛线有规律地钉在三个部位，留出空白的轮廓边缘供幼儿自行操作。

图3-14 狮王的鬃毛

（二）材料外形角度

从材料的外形角度来说，有两种制作玩教具的方法：一种是跟随材料的形状进行制作的方法，叫作随形法；另一种则是突出创意，发挥想象将各种形状、性质不同的材料进行拼搭的制作方法，叫作开放创造法。

1. 随形法

随形法的提出依据是雕刻艺术中的随形创作。随形创作依附于材料的天然形态对其进行简单的修整，既节省时间和材料，又保留其大部分的天然形态，使艺术气息浓厚。在玩教具的制作中，亦可根据材料的外形特点展开联想。在不改变材料外形的基础上，可适当添加眼睛、鼻子、嘴巴或衣服、道具等内容，使之凸显特色。

例如，在制作"行动骰子"玩教具（见图3-15）时，教师利用正方体积木的外形，对其进行简单加工后即可投入使用。教师可以找出两个大小一致的正方体积木，将一个制成绘有点数的"数量骰子"，将另一个制成绘有简易动作的"动作骰子"，如此"行动骰子"玩教具就制作成功了。

图 3-15　行动骰子

2. 开放创造法

开放创造法的实施建立在材料最优选择的基础上，抛开对材料外形的顾虑，什么可用就用什么，打开脑洞，"拼拼凑凑"，使之达到最终效果。这种方法的亮点在于开放、创新。

例如，在"球球钻山洞"玩教具的制作过程中，现有的材料只有一个乒乓球和一个纸盒。那么如何制作出钻山洞的感觉，就需要教师发现和增添材料去创新，于是就有了不同层次的"球球钻山洞"。第一层次是，教师将彩色毛根弯成大于乒乓球直径的拱门形状，按照一定的路线将其一个个粘在纸盒上，晃动纸盒使乒乓球随路线钻过彩色山洞；第二层次是，教师将纸筒均匀裁开，按照路线将其粘在托盘上；第三层次是，教师将A4纸裁成纸条并与托盘按照路线粘贴，完成制作（见图3-16）。所以，打开脑洞，玩教具无处不在。

图 3-16　球球钻山洞

玩教具是幼儿游戏和生活中必不可少的部分。长期以来，我国幼儿教师自觉地承担起制作玩教具的责任，坚持因地制宜、就地取材，为幼儿制作出各种类型的玩教具，以提供更丰富的教育资源。现今，我们仍然有必要延续这种优良传统，就地取材地为幼儿自制玩教具，为幼儿的游戏和学习创造必要条件。[1] 幼儿园自制玩教具的优点是市场上的商业化玩教具不可替代的。它不仅具有教育性、适宜性、针对性、灵活性等优势，也是社会文化传承的一种象征，并对进一步开拓我国幼儿教育新方法和新手段、提高学龄前儿童教育整体水平有积极的促进作用。所以在当前时期，我们更应该关注自制玩教具的开发与创新，提高教师的专业素养，激发教师的创新思维，进一步发挥玩教具制作在教师与幼儿"双成长"道路上的重要作用。

本章小结

设计是制作的前期基础，制作则呈现设计的结果，设计方案能否完美地进行实物呈现，制作是关键。本章中陈述了制作玩教具时可选用的各种材料，分析材料来源、类型及该材料制作玩教具的优势和对幼儿发展的促进作用，使教师在制作玩教具时能因"材"选用，因"材"加工，使制作成型的玩教具更具特色。"工欲善其事，必先利其器"，为使教师更顺利地制作玩教具，本章中还罗列了目前幼儿园里的各类玩教具制作工具，举例说明工具的功能与使用途径，以帮助教师在制作玩教具时进行有效的选择。

本章思考

1. 对照书中介绍的玩教具制作材料，请与同伴合作研究并分析，寻找发现生活中更多制作玩教具的材料。
2. 请以某一种材料为基础材料，到玩具市场进行调研，写一份分析报

---

[1] 刘焱.幼儿园自制玩教具活动的意义、指导思想和评价标准[J].学前教育研究，2007（9）：24-30.

告：这种材料主要用于哪种类型的玩教具？用这种材料制作的玩教具有哪些优势？是否有不足？你能提出改进建议吗？

3. 请选择一份玩教具，并从玩教具制作方法的角度对其进行分析、解读。

实践篇

第四章

健康领域玩教具设计与制作

📖 本章导读

　　《指南》中的健康领域涉及身心状况、动作发展、生活习惯与生活能力三个子领域。在商议当前学期的教研重点——"健康领域玩教具的设计与制作"的会议上，教师在准备参会资料的过程中形成了个人困难与疑惑，对健康领域玩教具的设计与制作提出了许多问题：身心健康是一种状态，不像数学领域有具体可操作的标准，这一类玩教具应该怎么设计与制作呢？在一日生活中就可以培养幼儿的生活习惯与生活能力，还需要特意通过设计玩教具来促进幼儿的成长吗？

　　随着对问题的深入研究，教师能够深层次地理解健康领域的内涵和目标，分解、具化健康领域的总目标，形成具有操作性的分层目标，在设计与制作玩教具的过程中将目标牢记于心，围绕目标制作真正实现"寓教于乐""有的放矢"的玩教具，既促进幼儿身心发展，又有目的地促进幼儿生活能力的提升与良好习惯的形成。

《指南》中明确指出："健康是指人在身体、心理和社会适应方面的良好状态。"拥有一个健康体魄是进行教育教学活动的重要前提，幼儿在园的饮食、睡眠、情绪和运动情况，总是牵动着教师和家长们的心。比如，吃饭这件"大事"几乎是每名幼儿园教师都会遇到的难题，在解决这个难题时，除了开展相应的主题活动和集体教学活动，还可以从幼儿喜爱摆弄的玩教具入手。

健康领域玩教具主要围绕幼儿的身体健康和心理健康而设计和制作，主要涉及身心状况、动作发展、生活习惯与生活能力三个方面。例如，不仅可以设计和制作用布类材料制作的锻炼手臂力量和身体协调性的"蜘蛛侠粘粘球"等发展动作的玩教具，还可以设计和制作"海底世界敲敲敲""健康饮食棋"等帮助幼儿缓解情绪、培养良好生活习惯的玩教具。在操作这些玩教具的过程中，幼儿能够锻炼身体，增强体质，也能够形成良好的生活习惯和自理能力，保持愉快的心情。

一、健康领域内涵

幼儿期是增强身体素质、培养良好行为习惯的关键期，幼儿身体的各项机能尚未发育成熟，身体素质较差。《指南》中提出："发育良好的身体、愉快的情绪、强健的体质、协调的动作、良好的生活习惯和基本生活能力是幼儿身心健康的重要标志，也是其他领域学习与发展的基础。"由此可以看出，健康领域在幼儿学习与发展中的重要地位，是实现幼儿全面发展的基础，对幼儿今后的生活产生重要影响。

教师应根据幼儿生长发育的规律，有针对性地为幼儿提供发展爬、走、跑、跳、投掷等动作技能的玩教具，使幼儿在锻炼身体的同时增强体质。另外，教师应注重幼儿的心理发展，帮助幼儿建立与同伴之间的关系，使幼儿获得情绪的安定，引导幼儿正确抒发不良情绪，逐渐形成健康的生活方式，促进其身心全面健康发展。

二、健康领域目标

（一）总目标

（1）形成良好的生活卫生习惯和初步的生活自理能力。
（2）发展走、跑、跳、钻、爬等基本动作。
（3）有保护自身安全的意识和初步的自我保护能力。
（4）形成积极稳定的情绪情感。

（二）分类目标

1. 身心状况

（1）认识基本情绪，能保持愉快的情绪，并能表达不愉快，从而缓解消极情绪。
（2）具有接受新事物及新环境的能力，快速地适应集体生活。

2. 动作发展

（1）提高平衡能力、协调能力、运动速度、动作灵敏度、身体柔韧性、力量等身体素质。
（2）训练运动中的爆发力和持久的耐力。
（3）加强手部操作的灵活性，发展精细动作及小肌肉动作。

3. 生活习惯与生活能力

（1）知道基本的卫生常识和生活秩序，养成良好的作息习惯、如厕习惯、盥洗习惯、整理习惯等生活卫生习惯。
（2）了解人体的主要器官，知道预防常见疾病的简单知识。
（3）学习使用常见的家电、刀具等工具，知道防水、防火和防电等安全常识。

三、健康领域玩教具框架

健康领域玩教具框架见表4-1。

表 4-1　健康领域玩教具框架

分类 序号	身心状况	动作发展	生活习惯与生活能力	……
1	海底世界敲敲敲	大纸箱迷宫	物品分类	……
2	我的身体	蜘蛛侠粘粘球	矿泉水瓶迷宫	……
3	心情天气	大鱼吃小鱼	吸管吹小球	……
4	幼儿园的一天	拖拉玩具车	摘蔬果	……
5	健康饮食棋	旋转风车	干花压制器	……
6	漂流瓶	PVC 管体育器械	手套配对	……
7	我的好朋友	趣味保龄球	小猫穿新衣	……
8	情绪百宝箱	弹球进洞	安全小骑士	……
……	……	……	……	……

四、健康领域经典玩教具实例

案例一　矿泉水瓶迷宫

1. 设计分析

矿泉水瓶是日常生活中随处可见的、可二次利用的物品，将清洁干净的矿泉水瓶加工制成不同的玩教具，可再次发挥矿泉水瓶的作用，丰富活动内容，促进幼儿的成长。透明的矿泉水瓶的内部空间可视，幼儿可以在触摸不到的情况下，通过视觉观察，对矿泉水瓶内部产生的现象或事物进行观察和探究。利用这一原理，教师可以将矿泉水瓶进行组合、加工、设计，制作成立体、透明的"矿泉水瓶迷宫"玩教具。幼儿可以通过控制小珠子在迷宫中的位置，观察并操控小珠子在不同高度的通道上穿行，实现小珠子从迷宫的起点滚到终点。"矿泉水瓶迷宫"玩教具能够锻炼幼儿的手眼协调能力，提高幼儿的观察敏锐性，在游戏中提升幼儿的空间思维，并且建立环保、爱护环境的意识。

2. 适用年龄

3—4 岁。

3. 材料准备

（1）主要材料：9个矿泉水瓶（5厘米×10厘米）、1颗能通过矿泉水瓶身小孔的小珠子等。

（2）辅助工具：电钻、胶枪、直尺、丙烯颜料（红色、绿色）、水粉刷、黑色马克笔、小圆点（8种颜色）等（见图4-1）。

图 4-1 制作材料以及工具

4. 制作方法

（1）取矿泉水瓶，用直尺测量，确定两个瓶子的相同位置，并用红色小圆点做好标记（见图4-2）。

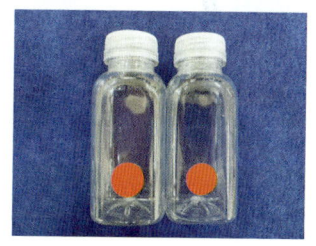

图 4-2 测量好定点并标记

（2）用电钻在已做好标记的瓶身处钻出圆形小孔（见图4-3）。

图 4-3 用电钻在标记处钻孔

（3）取热熔胶枪，将两个瓶子孔对孔黏合（见图4-4）。

图 4-4 将瓶子孔对孔黏合

图 4-5　打孔黏合其他瓶子

（4）取第三个瓶子，以同样的方式定点，用黄色小圆点做标记，用电钻打孔，再次孔对孔黏合（见图 4-5）。

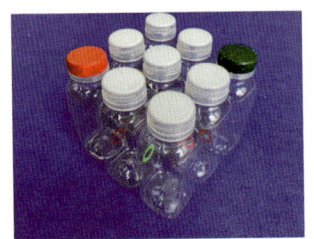

图 4-6　九个瓶子组成迷宫

（5）两两相邻的瓶子为一组，选取不同位置的点，用相同颜色的小圆点做标记，用电钻钻出圆形小孔，再用热熔胶枪进行黏合，依此类推，用九个瓶子制作出三横三纵的迷宫（见图 4-6）。

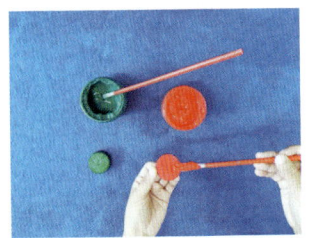

图 4-7　将瓶盖分别涂颜色

（6）取两个对角的瓶盖，分别涂上红色和绿色的丙烯颜料（见图 4-7）。

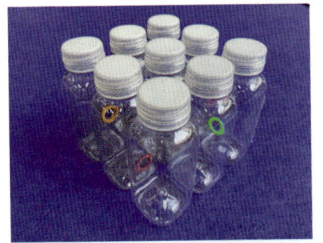

图 4-8　制作完成的玩教具

（7）完整制作好的"矿泉水瓶迷宫"玩教具（见图 4-8）。

5. 玩法介绍

取矿泉水瓶迷宫，将珠子投到红色瓶盖的瓶子里，观察珠子在瓶子中的位置，任意摇晃、转动迷宫，让珠子在每一个瓶子中穿行，最终使珠子到达绿色瓶盖的瓶子中，打开瓶盖，取出珠子，完成挑战（见图4-9）。

图4-9　游戏中的幼儿

6. 注意事项

（1）将收集到的矿泉水瓶的外包装纸撕掉，清洗、消毒、晾干矿泉水瓶。

（2）用于制作的瓶子要大小、高矮一致，两两黏合的瓶子的孔要精准黏合，钻孔位置一致。

7. 其他制作

（1）可以适当增加或减少矿泉水瓶的数量，改变迷宫游戏的难易程度。

（2）可以将其中的一个或几个瓶子替换成不透明的，用声音来判断珠子的位置，增加游戏的挑战性。

案例二　吸管吹小球

1. 设计分析

过生日的时候需要吹蜡烛，装饰教室时需要吹气球……幼儿在生活中经常需要做出吹气的动作。他们时常关注到一呼一吸之间可吹起一片落叶、一张白纸等。这些"吹"的动作对幼儿肺活量的提升起到良好的促进作用。幼儿的肺活量增加，心肺功能就会增强，供氧能力随之增强，这样他们就能胜任许多运动，从而拥有健康、良好的体质。"吸管吹小球"玩教具由幼儿生活中的偶然的"吹"的游戏活动演变而来，能够满足幼儿随时探索的兴趣。"吸管吹小球"玩教具由生活中常见的废旧物品（如吸管、鸡蛋托、泡沫等）制成，材料简单、制作容易，能够有效地丰富幼儿的活动，促进幼儿的发展。幼儿需要通过口腔肌肉、肺部等多组织与器官的配合来完成"吸管吹小球"游戏，在游戏的过程中，幼儿力量较弱的口腔肌肉能够得到锻炼，幼儿的肺活量也能够得到增强。

2. 适用年龄

3—4岁。

3. 材料准备

（1）主要材料：吸管、透明塑料鸡蛋托、圆锥形泡沫、无纺布（黄色、绿色）等。

（2）辅助工具：铅笔、美工刀、美工剪刀、直尺、丙烯颜料（黄色、绿色）、水粉刷等（见图4-10）。

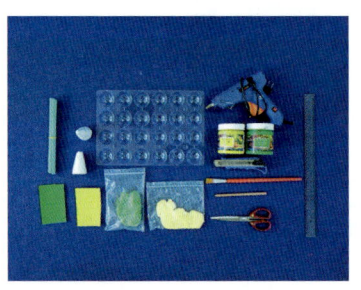

图4-10 制作材料以及工具

4. 制作方法

（1）分别用铅笔在黄色和绿色的无纺布上画出一个同等大小的直线箭头（见图4-11）。

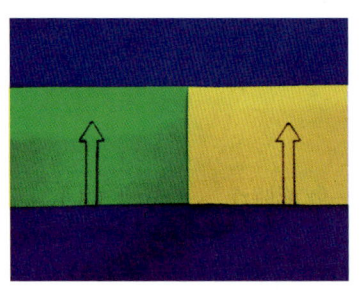

图4-11 画出黄色、绿色箭头

（2）用美工剪刀剪出黄色箭头和绿色箭头（见图 4-12）。

图 4-12　剪出黄色、绿色箭头

（3）取来两个圆锥形泡沫，用美工刀将其刻、磨成两个圆球（见图 4-13）。

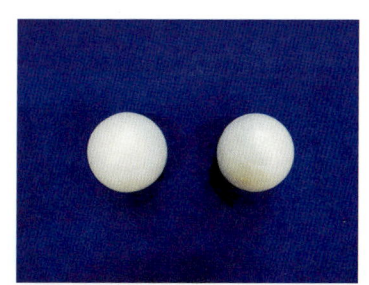

图 4-13　把泡沫刻、磨成圆球

（4）分别将黄色和绿色的丙烯颜料用水粉刷均匀地刷到刻好的白色泡沫圆球上。涂抹颜色后的圆球大变身，看起来清新自然（见图 4-14）。

图 4-14　圆球大变身

（5）完整制作好的"吸管吹小球"玩教具（见图 4-15）。

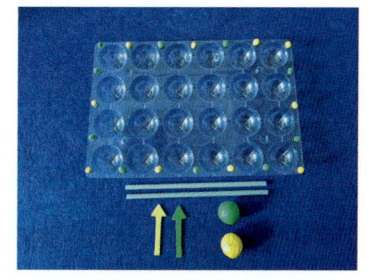

图 4-15　制作完成的玩教具

5. 玩法介绍

（1）玩法一：幼儿自由探索用吸管吹小球的方法，尝试通过不同的方向、距离、力度吹小球，感受用吸管吹小球的乐趣。

（2）玩法二：两名幼儿分别按照绿色箭头和黄色箭头所指示的方向吹动小球，从起点吹到终点，最先到达终点的幼儿获胜。

（3）玩法三：幼儿A取出黄色箭头，在鸡蛋托上摆好方向，幼儿B根据箭头方向吹动小球前进。幼儿B取出绿色箭头，在鸡蛋托上摆好方向，幼儿A根据箭头方向吹动小球前进，轮流依次进行游戏（见图4-16）。

图4-16 游戏中的幼儿

6. 注意事项

（1）收集的废旧透明塑料鸡蛋托必须清洗、消毒、晾晒。

（2）注意美工刀的安全使用，刻、磨泡沫球时注意刀口朝向，如果刚好有大小合适的泡沫球，可直接使用。

7. 其他制作

（1）将乒乓球摆放在合适的底盘上，幼儿直接用嘴练习吹动乒乓球。

（2）运用大小或长度不同的吸管，或者调整鸡蛋托的大小，制作不同难度的吹球玩教具。

（3）在条件允许的情况下，可以设计有趣的地图迷宫，创建更多的挑战路线供幼儿选择，增加玩教具的可持续性。

案例三　海底世界敲敲敲

1. 设计分析

在日常生活中，我们常常收取快递，并且常常忍不住去按压快递盒中的防震气泡膜，以舒缓情绪和缓解压力。幼儿也喜欢按压那些气泡膜，但他们多因手指力量的欠缺，难以将气泡膜捏破。为满足幼儿这一需要和兴趣，教师可以利用闲置的气泡膜、小锤子等材料，结合"打地鼠"游戏，自制"海底世界敲敲敲"玩教具。这一玩教具需要幼儿运用手腕力量来移动锤子并敲击气泡，不仅能够满足幼儿将气泡膜锤破的需要，也使幼儿在敲击气泡膜的过程中产生愉悦的心情或疏散不愉快的情绪，让不良情绪得以缓解。在游戏中，幼儿需要不断地通过手部运动完成游戏，既锻炼了手部力量，也提高了动作的准确性和灵活性，提高了手眼协调能力。此外，两人或多人的联合操作能够促进幼儿与同伴之间的交流和合作，让幼儿在共同游戏中获得良好的社会情绪情感。

2. 适用年龄

3—4 岁。

3. 材料准备

（1）主要材料：气泡膜、小木锤、过塑纸、白色卡纸、毛毡板等。

（2）辅助工具：橡皮擦、勾线笔、彩色笔、双面胶、过塑机等（见图 4-17）。

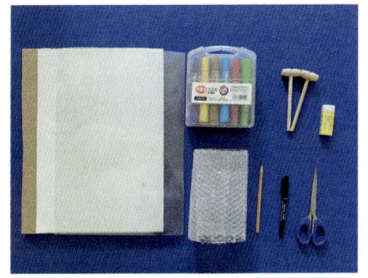

图 4-17　制作材料以及工具

4. 制作方法

（1）取出白色卡纸，用勾线笔画出海洋动物的轮廓，形成海底世界的场景（见图 4-18）。

图 4-18　绘制海底世界轮廓

图4-19 海底世界画面涂色

（2）用彩色笔将画面依次涂色，全部完成后将画面用过塑机过塑（见图4-19）。

图4-20 剪出海洋动物形状

（3）用剪刀将气泡膜剪出与海底世界画面中的海洋动物完全相同的形状（见图4-20）。

图4-21 为动物粘贴气泡膜

（4）用双面胶将海洋动物造型的气泡膜粘贴到过胶后的海底世界中对应的动物处（见图4-21）。

图4-22 制作完成的玩教具

（5）完整制作好的"海底世界敲敲敲"玩教具（见图4-22）。

5. 玩法介绍

（1）玩法一：独立探索——幼儿拿起小锤子往有气泡膜的位置敲击，逐一将海洋动物气泡膜上的小气泡击破。敲完一组气泡膜后，将气泡膜撕下来，再粘贴下一组气泡膜。

（2）玩法二：合作游戏——幼儿 A 与幼儿 B 同时拿起小锤子往有气泡膜的位置进行敲击，以合作的方式进行游戏，感受敲击的乐趣。

（3）玩法三：合作游戏——幼儿 A 先说出某一种海洋动物，幼儿 B 在听到指令后进行敲击，二者交换角色，轮流游戏（见图 4-23）。

图 4-23　游戏中的幼儿

6. 注意事项

（1）应选择偏薄的气泡膜，使幼儿比较容易击破，让幼儿在玩的过程中有更好的游戏体验。

（2）剪下来的气泡膜与卡纸上对应的海洋动物应轮廓一致，让幼儿在玩的过程中感知一一对应。

（3）剪出多个同一海洋动物的气泡膜，供幼儿更换，多次游戏。

7. 其他制作

（1）可以用海底的水泡代替海洋动物。

（2）可以用气泡膜制作热闹的游戏场景中的气球，供幼儿操作。

案例四　蜘蛛侠粘粘球

1. 设计分析

蜘蛛侠是许多幼儿十分喜爱的人物形象，在生活中他们喜欢模仿蜘蛛侠的动作，穿带有蜘蛛元素的服装。将与蜘蛛侠有关的元素设计到幼儿的玩教具中，能够吸引幼儿对玩教具的关注，并提高他们操作玩教具、参与游戏的兴趣。"蜘蛛侠粘粘球"玩教具选用生活中环保又安全的不织布、废旧报纸等轻便材料制作而成。在这一玩教具中，充分利用不织布表面的多绒、粗糙，以及魔术贴容易粘住毛绒物品的特性，达到粘住物体的效果。"蜘蛛侠粘粘球"游戏活动能够促进幼儿与同伴之间的交流与合作，提高幼儿的手眼协调能力，用"蜘蛛侠粘粘球"开展亲子游戏，还能够增进亲子之间的感情。"蜘蛛侠粘粘球"玩教具不受游戏场地限制，可随时随地使用。

2. 适用年龄

4—5岁。

3. 材料准备

（1）主要材料：彩色不织布、魔术贴、废旧报纸、蓝色即时贴等。

（2）辅助工具：剪刀、铅笔、黑色勾线笔、针线盒等（见图4-24）。

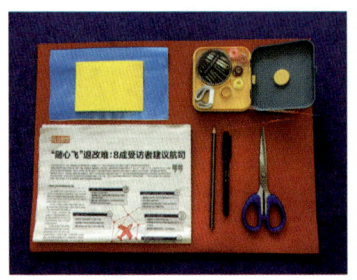

图4-24　制作材料以及工具

4. 制作方法

（1）在红色不织布上画出同一侧、同样大的小手图案两份，将画好的图案沿边线剪下来（见图4-25）。

图4-25　裁剪出同一只手的图案

第四章　健康领域玩教具设计与制作　/　97

（2）将两只手的轮廓重叠，用针线沿图案的边缘进行缝合，留出手腕的位置，缝制完成后成为一只手套（见图4-26）。

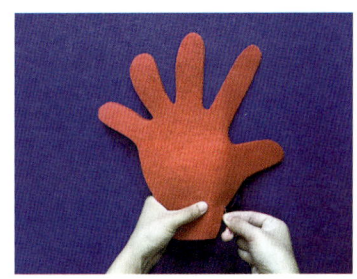

图 4-26　重叠缝制完成手套

（3）用黑色勾线笔在缝好的手套背面画蜘蛛侠的代表性图案（见图4-27）。

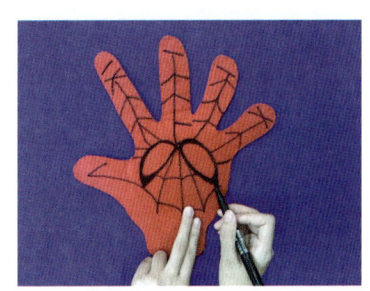

图 4-27　在手套上绘制图案

（4）取出黄色不织布，画出并剪出两个黄色的蜘蛛侠眼睛，用魔术贴将其贴在手套上，蜘蛛侠手套就制作完成了（见图4-28）。

图 4-28　将手套贴上眼睛

（5）取出报纸和蓝色即时贴，将报纸揉成一个圆形的纸团，然后用蓝色即时贴将其包裹起来（见图4-29）。

图 4-29　包裹形成的圆形球

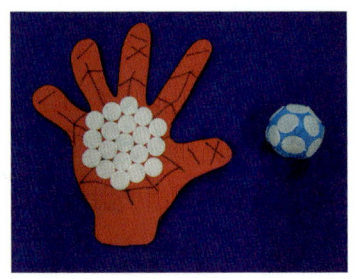

图 4-30 贴好的手套及小球

（6）取出魔术贴，将魔术贴均匀地贴在手套的手掌心及蓝色小球上（见图 4-30）。

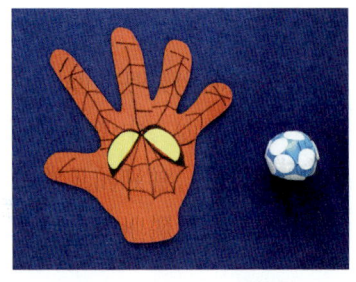

图 4-31 制作完成的玩教具

（7）完整制作好的"蜘蛛侠粘粘球"玩教具（见图 4-31）。

5. 玩法介绍

（1）玩法一：独立探索——在自由活动中，幼儿自抛自接游戏，可前抛、上抛。

（2）玩法二：合作探索——在户外活动或餐后环节中，幼儿与同伴一起进行体育游戏，一人抛球，一人接球（见图 4-32）。

图 4-32 游戏中的幼儿

6. 注意事项

（1）制作手套的不织布最好是红色的，勾线笔最好是黑色的，这样与幼儿喜爱的人物特点一致。

（2）制作小球的废旧报纸为环保材料，软度较高；制作的小球要有一定的重量才能扔得远，因此在包裹外面的即时贴时可多增加几层。

7. 其他制作

（1）可收集废旧布料来制作手套，也可用其他的球形物体来制作小球。

（2）可在手套上绘画更多丰富的形象，让幼儿有更多的选择性以及持续游戏的兴趣。

案例五　大鱼吃小鱼

1. 设计分析

幼儿天性好动、好玩，户外活动是幼儿最喜欢的活动之一。提供能够激发幼儿运动兴趣的玩教具，可以使幼儿在户外活动的过程中更积极、认真和投入。因此，设计能够充分发挥幼儿想象力、激发幼儿兴趣、提高幼儿活动水平的创意玩教具就显得十分重要。教师可以利用生活中随处可见的废旧可乐瓶、闲置的棉花、不织布等材料自制"大鱼吃小鱼"玩教具，巧妙地将幼儿喜欢的海洋动物形象以及大鱼吃小鱼这一自然界的食物链关系渗透、融入玩教具的制作中。使用"大鱼吃小鱼"玩教具进行活动，能够丰富幼儿关于自然界的食物链、海洋动物的知识经验；运用手部力量抛出小鱼又接住小鱼的玩法，能够锻炼幼儿手眼的协调性，增强幼儿的手臂力量，促进幼儿反应能力的发展。

2. 适用年龄

4—5岁。

3. 材料准备

（1）制作材料：可乐瓶、不织布、丙烯颜料（蓝色、白色、银色）、细马克笔、棉花、弹力绳、假眼睛。

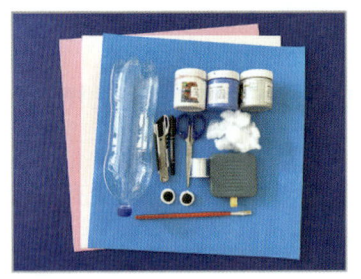

图 4-33　制作材料以及工具

（2）辅助工具：剪刀、刻刀、针线盒、水粉刷等（见图 4-33）。

图 4-34　小鱼身体部位

4. 制作方法

（1）在不织布上画出小鱼身体的各个部位，每个部位各两份，沿轮廓剪好每个部位（见图 4-34）。

图 4-35　缝合填充制作小鱼

（2）将对应的两片身体部位用颜色相近的针线沿边线进行缝合，当快要封口时，留下小口装入棉花后再封口，完成小鱼的制作（见图 4-35）。

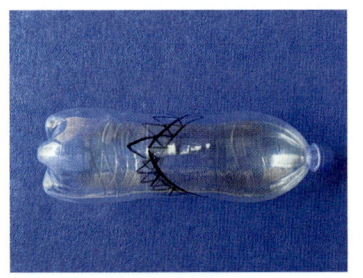

图 4-36　画出嘴的形状

（3）用马克笔在大可乐瓶的中部勾画出大鱼的嘴和牙齿的形状（见图 4-36）。

第四章 健康领域玩教具设计与制作 / 101

（4）用刻刀沿线刻出大鱼的嘴和牙齿，再使用剪刀把尖锐部分修剪平滑（见图4-37）。

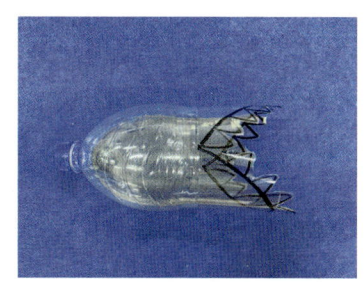

图4-37 修剪好的大鱼嘴和牙齿

（5）用水粉刷蘸取丙烯颜料，均匀地在画有大鱼嘴的可乐瓶上刷一半蓝色、一半白色，再选用银色丙烯给牙齿部位涂抹上色，突出牙的尖利（见图4-38）。

图4-38 大鱼各部分上颜色

（6）在大鱼的下牙外打小孔，取出弹力绳，一侧绑在大鱼下牙孔上，另一侧绑在小鱼的头部上（见图4-39）。

图4-39 弹力绳连接完成

（7）完整制作好的"大鱼吃小鱼"玩教具（见图4-40）。

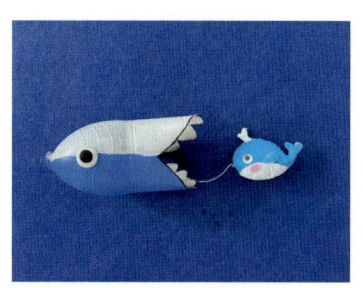

图4-40 制作完成的玩教具

5. 玩法介绍

（1）玩法一：独立探索——在户外活动中，幼儿独自一手握住瓶盖处，运用向前推送或向上推送的力道将小鱼抛出，再快速用手中的大鱼嘴接住小鱼。

（2）玩法二：合作游戏——幼儿可以通过与同伴比赛、合作的方式进行游戏，看看谁接住的次数多（见图 4-41）。

图 4-41　游戏中的幼儿

6. 注意事项

（1）收集的可乐瓶的瓶身是上下直径相同的，这样可以符合大鱼嘴巴大的特点。

（2）对于可乐瓶的牙齿部位，需要在剪出每颗牙齿后，将牙齿边缘修成弧形，避免划伤幼儿，提高玩教具的安全性。

7. 其他制作

（1）可以用同样的方法，改变角色。例如：制作"蜜蜂采蜜"玩教具，把玩教具换成鲜花形状的杯子和小蜜蜂，增加幼儿对玩教具的兴趣。

（2）可以改变瓶子的大小、绳子的长短，使玩教具的难易度有所变化，适合不同层次的幼儿，让幼儿有更多的选择性及持续游戏的兴趣。

（3）可以在大可乐瓶中添加物品，增加大鱼的重量，促进幼儿手部力量的发展。

案例六　摘蔬果

1. 设计分析

随着生活环境日益丰富，幼儿常常在节假日与父母去农场、去超市购物或者游玩。大自然中色彩缤纷、不同形状、不同质感的蔬果，常常能够引发幼儿触摸和探索的兴趣。教师可以利用现代生活中的废旧盒子、网格袋子、弹簧、仿真蔬果等材料自制"摘蔬果"玩教具，将真实生活场景中的"摘蔬果"活动浓缩于玩教具之中，激发幼儿关注和探索自然事物的兴趣，满足幼儿对自然的好奇心与求知欲望，丰富幼儿的生活经验。为了提高玩教具的趣味性和挑战性，在玩教具的设计和制作中，可以用弹簧这一具有不稳定性的材料作为蔬果的枝丫，以增加幼儿采摘蔬果的趣味性和难度，使幼儿在快乐、有趣的活动中提高手眼协调能力以及手部控制能力，培养幼儿的耐心和恒心，为幼儿后续的学习和生活奠定良好的基础。

2. 适用年龄

5—6岁。

3. 材料准备

（1）主要材料：废旧盒子、网格袋子、圆点即时贴（12个）、弹簧（12个）、仿真蔬果（12个）、铁丝、竹竿（1米）、小磁石（12个）等。

（2）辅助工具：铁钳、剪刀、热熔胶枪等（见图4-42）。

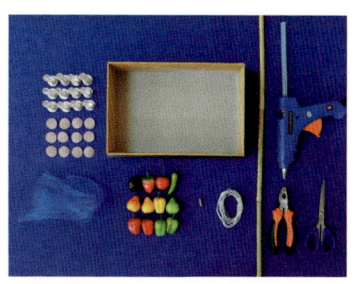

图4-42　制作材料以及工具

4. 制作方法

（1）将圆点即时贴均匀地分布在废旧盒子底部，并进行粘贴（见图4-43）。

图4-43　均匀粘贴即时贴

图 4-44 固定好磁石的蔬果

（2）取出仿真蔬果和小磁石，用热熔胶枪将磁石固定在仿真蔬果蒂上，制作出可以吸附在铁丝上的仿真蔬果（见图 4-44）。

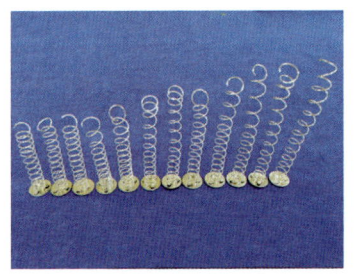

图 4-45 高低不同的弹簧

（3）取出弹簧，使用铁钳将弹簧拉伸出不同高度（见图 4-45）。

图 4-46 弹簧与点一一黏合

（4）使用热熔胶枪将弹簧一一对应地黏合到圆点即时贴的位置上（见图 4-46）。

图 4-47 穿好铁丝的小网兜

（5）用剪刀将网格袋子剪成大小合适的小网兜，将铁丝前后交错穿过网眼，直到同一排的网眼全部被铁丝穿起，再用铁钳将铁丝弯成一个圈（见图 4-47）。

（6）取出竹竿，用铁钳将小网兜固定在竹竿上，采摘蔬果的小网就制作完成了（见图4-48）。

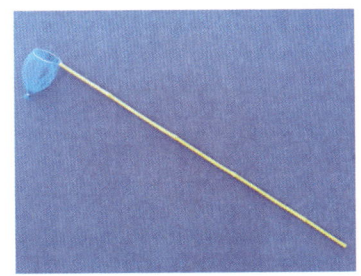

图4-48　小网兜固定在竹竿上

（7）完整制作好的"摘蔬果"玩教具（见图4-49）。

图4-49　制作完成的玩教具

5. 玩法介绍

（1）玩法一：独立探索——手持一米长的竹竿，选取一种蔬菜或者水果，对准选择好的蔬果进行采摘。

（2）玩法二：合作游戏——幼儿A、幼儿B进行比赛，以轮流的方式，分别进行蔬果采摘（见图4-50）。

图4-50　游戏中的幼儿

6. 注意事项

（1）在制作过程中，铁丝、弹簧、竹竿所外露的尖头必须削平，保证材料的安全性。

（2）对于用于采摘的小网，应该注意网眼的疏密程度，以便幼儿在游戏过程中清晰地看见网内蔬果的数量。

7. 其他制作

（1）可分别制作摘蔬菜玩教具或摘水果玩教具，通过同一类物品的采摘，引导幼儿区分和明晰概念。

（2）可调整竹竿的长度，从而设置不同的游戏难度；可在游戏时通过调整幼儿站位的远近或摆放水果的高度，形成不同的游戏难度。

案例七　健康饮食棋

1. 设计分析

美味的食物总是能让幼儿获得味蕾上的满足、心情的喜悦，但由于幼儿的身心发展尚未成熟，他们常常不能正确地区分健康食品和垃圾食品。飞行棋游戏是幼儿在生活中较为熟悉且喜爱的一种棋类游戏，教师可以将游戏的趣味性和食品健康的内容相融合，设计兼具游戏性与教育性的棋类玩教具，使幼儿在游戏的过程中体验合作的乐趣，收获相关的健康知识经验。教师可以利用闲置的一次性桌布、卡纸等材料，借鉴飞行棋的游戏规则，制作"健康饮食棋"玩教具。通过扔骰子、一一对应等游戏规则，幼儿能够提升逻辑思维能力、丰富数学经验，提高观察能力及专注力，深刻地认识到健康食品与垃圾食品的区别。

2. 适用年龄

5—6岁。

3. 材料准备

（1）主要材料：一次性桌布、图片（大力水手、健康食品、垃圾食品、旗帜）、数字贴纸、不同颜色的卡纸、2个燕尾夹、过塑膜、骰子、小袋子等。

（2）辅助工具：尺子、黑色马克笔、彩色笔、剪刀、双面胶、魔术贴、热熔胶枪等（见图4-51）。

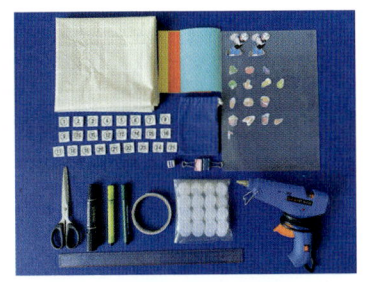

图4-51 制作材料以及工具

4. 制作方法

（1）取出一次性桌布和数字贴纸，有序地绘制出有通道的迷宫型棋盘，然后从左上角开始，从上至下、从左至右、从下至上、从右至左，重复以上路线，将1—25的数字逐一螺旋式贴至桌布中心（见图4-52）。

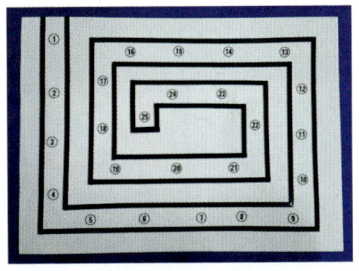

图4-52 绘制棋盘并粘贴数字

（2）选一个数字，如"12"。在数字下方粘贴黄色方形即时贴（见图4-53）。

图4-53 粘贴黄色即时贴

（3）将2张大力水手图片、7张健康食品图片、7张垃圾食品图片、1张旗帜图片调整好大小后打印出来，将每张图片沿轮廓裁剪下来（见图4-54）。

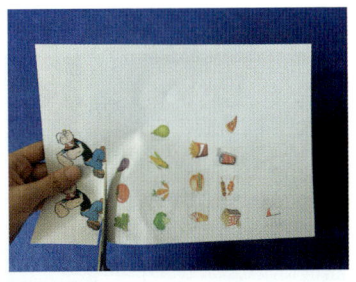

图4-54 沿图片轮廓裁剪

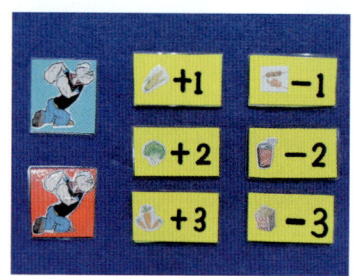

图 4-55　卡片裁剪过塑

（4）取红、蓝、黄三种颜色的卡纸，将 2 张大力水手图片分别粘贴在蓝色和红色卡纸上，并将卡纸裁剪成正方形；取食品图片粘贴在黄色卡纸上，并将卡纸裁剪成矩形，在健康食品旁加数字，在垃圾食品旁减数字，健康食品和垃圾食品的卡片（自由卡片）各 3 张。所有的卡片在裁剪、粘贴后过塑（见图 4-55）。

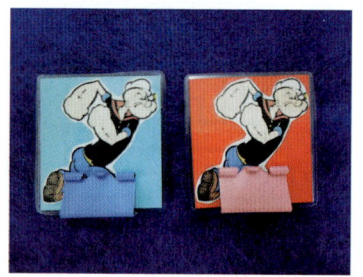

图 4-56　大力水手卡片底座

（5）取出燕尾夹，夹在大力水手卡片的底部，使卡片立起来（见图 4-56）。

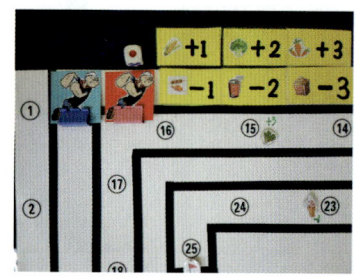

图 4-57　棋布上粘贴小卡片

（6）将剩余的 4 张健康食品图片及 4 张垃圾食品图片裁剪并过塑，背面粘好魔术贴细软纤维面，在棋布上均匀粘贴魔术贴勾刺纤维面，用热熔胶枪加固（见图 4-57）。

图 4-58　用彩色笔填写数字

（7）用彩色笔在食品旁加数字或减数字，在健康食品旁加数字，在垃圾食品旁减数字（见图 4-58）。

（8）完整制作好的棋布、大力水手卡片、自由卡片以及骰子。可将这些制作好的游戏材料装入袋中，便于保存（见图 4-59）。

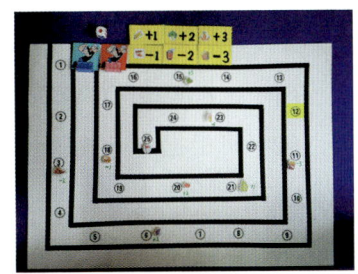

图 4-59 制作完成的玩教具

5. 玩法介绍

打开棋布并取出自由卡片、大力水手卡片及骰子，将自由卡片的反面平铺在棋盘旁边。幼儿 A 和幼儿 B 可通过猜拳决定挑选大力水手卡片及掷骰子的先后顺序。两名幼儿分别掷骰子，走相应的步数，按要求前进或后退步数。当遇到数字"12"时，可以随机抽取一张自由卡片，根据卡片上的提示前进或后退相应的步数。最先到达中心点的幼儿获得胜利（见图 4-60）。

图 4-60 游戏中的幼儿

6. 注意事项

（1）目前已有的健康食品图片涉及菠菜、西蓝花、西红柿、茄子、胡萝卜、玉米、梨，垃圾食品图片涉及冰激凌、汉堡、薯条、爆米花、烤串、可乐、比萨，可选取幼儿常见的其他食品的图片。

（2）棋布上选用的彩色笔颜色要清晰明了。

（3）可适当地增加棋布上的食品卡片，调动幼儿参与游戏的积极性，增强幼儿对未知的自由卡片的好奇心。

7. 其他制作

（1）棋盘的载体可更换成其他不易破损的材料（如纸板）。

（2）可根据这一规则设计和制作关于其他健康教育方面（如"保护眼睛"）的棋类玩教具。

案例八 PVC 管体育器械

1. 设计分析

在幼儿的动作发展方面，《指南》中明确指出，目标为"具有一定的平衡能力，动作协调、灵敏"。在户外活动中，幼儿特别愿意进行跑、跳游戏，还喜欢挑战环境中的各种障碍物。随着科学技术的提升，我们生活中原有的许多铁制管道被新型材料——PVC 管代替。PVC 管环保、轻便、结实、不生锈的优点已让它的用途越来越广泛。PVC 管制作的玩教具耐用、便于取放。在设计和制作玩教具的过程中，教师可以对 PVC 管进行思考与挖掘，创造适宜的户外体育器械，激发幼儿的运动兴趣，促进幼儿的动作发展。教师应依据幼儿的年龄及动作发展特点，将不同长度的 PVC 管配以各种接头，自由组合成不同难易程度、针对不同部位训练的单一器械或组合器械，有针对性地锻炼幼儿的跑、跳、钻等运动能力，促进幼儿综合体育素质的提升。教师还可以创新不同的玩法，激发并保持幼儿对户外游戏和户外锻炼的兴趣。接下来，将以"跨栏"和"钻山洞"玩教具为例进行阐述。

2. 适用年龄

5—6 岁。

3. 材料准备

（1）主要材料：长短不一的 PVC 管（可自由裁剪）、90° 弯头、正三通接头等。

（2）辅助工具：剪钳（可请幼儿园的后勤专业人员进行裁剪）等（见图 4-61）。

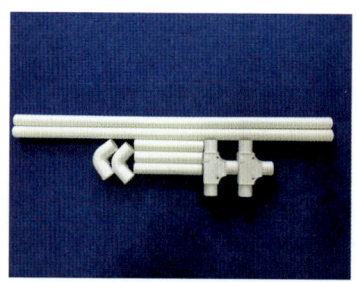

图 4-61　制作材料以及工具

4. 制作方法

器械之一：跨栏

（1）取一根长度适宜的 PVC 管，两端安装上 90° 弯头，接着取两根短 PVC 管，连接在弯头的另一端，做好基本框架（见图 4-62）。

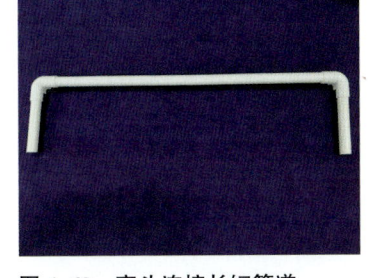

图 4-62　弯头连接长短管道

（2）取出正三通接头，将中间的端口与短 PVC 管的底部连接，并与上面的长管形成 90° 直角，制作完成跨栏的底座接头（见图 4-63）。

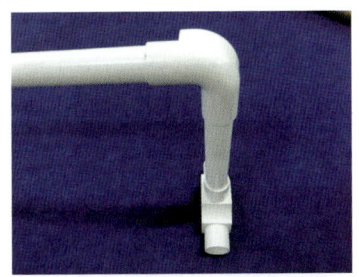

图 4-63　连接正三通接头

（3）取出两根长度相同的短 PVC 管，连接在正三通接头的前侧，一个跨栏器械就做好了（见图 4-64）。

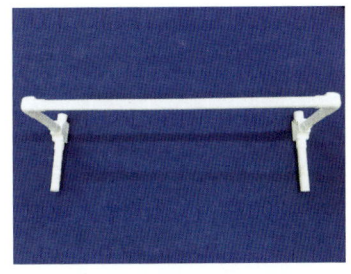

图 4-64　PVC 管跨栏器械完成

（4）重复上述步骤，完成所需数量的跨栏，一组 PVC 管跨栏器械制作完成（见图 4-65）。

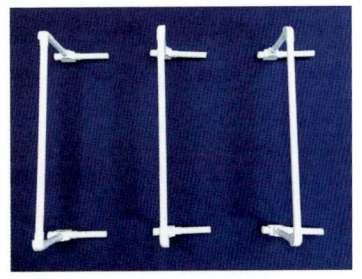

图 4-65　制作完成跨栏器械

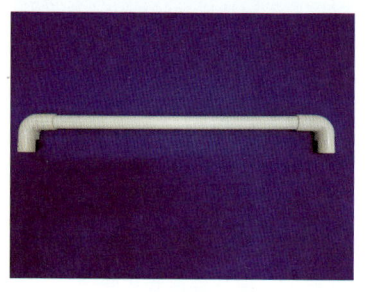

图 4-66 长管两端连接弯头

器械之二：钻山洞

（1）取一根长度适宜的 PVC 管、两个 90°弯头，在 PVC 管的两端接上弯头（见图 4-66）。

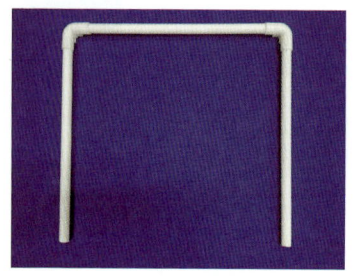

图 4-67 弯头处连接 PVC 管

（2）取两根长度一致的 PVC 管，将两根管接在弯头的另一端，并按此步骤完成几组制作（见图 4-67）。

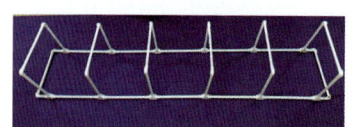

图 4-68 制作完成钻山洞器械

（3）依次用正三通接头及 PVC 管连接底部，一组"钻山洞"体育器械就制作完成了（见图 4-68）。

5. 玩法介绍

（1）"跨栏"：在户外场地的适当位置上间隔摆放跨栏，幼儿依次跑步跨越每个跨栏，进行跨跳练习，锻炼腿部力量及跳跃能力（见图 4-69）。

（2）"钻山洞"：幼儿站在"山洞"的一端，依次钻过每一个"山洞"，到达另一端，锻炼"钻"的能力。

图 4-69 游戏中的幼儿

6. 注意事项

（1）切割 PVC 管时要注意剪钳的安全使用，也可以请专业人员进行切割。

（2）PVC 管体育器械的高度要根据不同年龄段幼儿的身高来调整。

（3）PVC 管有不同的型号，在选取时应选择适合幼儿器械的型号。

7. 其他制作

（1）可用 PVC 管来设计和制作其他类型的体育器械（如迷宫、跳圈、攀爬类器械），发展幼儿的其他运动能力。

（2）在条件有限的情况下，可以将 PVC 管替换为竹子、稻秆、麦秆等材料。

 本章小结

促进幼儿身心健康是幼儿教育的首要任务，而身心健康是幼儿在其他领域学习与发展的基础。本章中陈述了健康领域的内涵和健康领域的目标，解析了健康领域的分类目标，并通过案例以点带面地呈现了玩教具如何从身心状况、动作发展、生活习惯与生活能力等方面来促进幼儿的发展，通过案例的详细阐述给读者以启示，为实践者提供可直接借鉴、复制的玩教具样本。

本章思考

1. 教师独自或以小组为单位,选择走、跑、跳、钻、爬等基本动作中的一个方面,设计并制作一份玩教具,写出制作方案。

2. 分析班级幼儿的生活能力,找出近期幼儿特别需要提高或促进的方面,据此设计并制作一份玩教具。

第五章

语言领域玩教具设计与制作

📖 本章导读

　　幼儿在语言领域的发展既包括语言经验和知识的习得，还包括运用语言交流与互动。同时，在语言领域，教师还需要促进幼儿的前阅读与前书写能力。在"语言领域玩教具设计与制作"的教研会议上，教师们提出了许多疑问：语言领域的玩教具到底是重"乐"，还是重"教"？促进幼儿语言知识和经验发展的玩教具如何更具操作性？促进幼儿语言运用的玩教具应该如何设计呢？

　　经过深入探讨，教师们分析和理解了《指南》中语言领域的目标、教育建议，共同研讨出：语言运用与交流型玩教具应该注重双人或多人合作，而语言知识与经验习得型玩教具，应该尽可能突破玩教具的高结构化，增加玩教具的娱乐性；可以通过游戏化、情境化的设计将严谨的语言知识与经验融入玩教具，让幼儿通过操作玩教具，在轻松的游戏氛围中收获经验与成长。

幼儿期是语言发展的最佳时期，也是语言发展最迅速的时期。语言对于幼儿的学习和发展起着至关重要的作用。在幼儿园的语言教育中，应当精心为幼儿创设自由、宽松、丰富、适宜的语言环境，通过多种活动扩展幼儿的生活经验，丰富语言内容，增强幼儿的理解和表达能力。

根据幼儿的语言发展需要及年龄特点，语言领域玩教具应主要围绕幼儿的倾听与表达、阅读与书写准备来设计和制作。在设计时，不仅要考虑幼儿在语言领域发展的关键经验，还要兼顾玩教具的趣味性、丰富性，激发幼儿运用语言的主动性。例如，"故事骰子"玩教具是用布类材料缝制的，放大了骰子的尺寸，便于幼儿做出抛、丢骰子等动作，既确保了安全性，又增加了趣味性。有趣的语言游戏类玩教具是自由、宽松的语言交往环境的重要组成部分，幼儿在与玩教具互动、与同伴游戏的过程中，可以运用语言来表现游戏情节和内容，发展良好的倾听能力、口语表达能力、想象力和创造力以及前书写能力，从而形成积极的学习品质。

一、语言领域内涵

《指南》在语言领域部分开宗明义地指出："语言是交流和思维的工具……幼儿在运用语言进行交流的同时，也在发展着人际交往能力、理解他人和判断交往情境的能力、组织自己思想的能力。通过语言获取信息，幼儿的学习逐步超越个体的直接感知。"这段话清晰地说明了幼儿语言学习与发展的重要性及其对幼儿全面发展的价值。幼儿积极主动地与周围环境中的语言和非语言信息互动，在与环境中人、事、物的交互过程中发展他们的语言能力。

幼儿的语言学习既是主动建构的过程，也是循序渐进、逐步积累的过程。这就要求教师不仅要从听、说、读、写几个方面为幼儿创设自由、宽松的语言交往环境，还要注重生活情境中的语言运用。

二、语言领域目标

（一）总目标

（1）乐意与人交谈，使用礼貌用语。
（2）注意倾听对方讲话，能理解日常用语。
（3）喜欢听故事、看图书。
（4）通过写写画画来表达自己的想法和情感。

（二）分类目标

1. 倾听与表达

（1）创造说话的机会，并体验语言交往的乐趣。
（2）安静地倾听，能听懂、理解简单的指令。
（3）乐意运用交往语言，提高语言交往能力。
（4）愿意用完整、清楚、流畅的语言进行讲述。

2. 阅读与书写准备

（1）有浓厚的阅读兴趣和良好的阅读习惯。
（2）能仔细观察画面，结合画面讨论内容。
（3）对文字和符号感兴趣，在写写画画的过程中体验文字符号的功能。
（4）掌握正确的书写姿势和基本的书写技能。

三、语言领域玩教具框架

语言领域玩教具框架见表 5-1。

表 5-1　语言领域玩教具框架

序号 \ 分类	倾听与表达	阅读与书写准备	……
1	手偶小剧场	乌鸦喝水	……
2	我说你做	故事骰子	……
3	我说你猜	三只蝴蝶	……
4	听音找方位	沙子书写	……
5	说说反义词	汽车过红绿灯	……
6	请你猜猜在哪头	画影子游戏	……
7	逛商店	点点相连	……
8	……	……	……

四、语言领域经典玩教具实例

案例一　小动物去旅行

1. 设计分析

3—4 岁幼儿的生活范围逐渐从家庭扩大至幼儿园、小区。走出家门后，幼儿不仅能够看到并指认生活中常见的交通工具，也乘坐过不少交通工具，各种各样的交通工具扩大了幼儿的词汇量，丰富了幼儿的词汇表达。"小动物去旅行"玩教具是利用生活中的废旧物品——药瓶制作而成的简易投影工具。将常见的交通工具和小动物结合来创设情境，以投影的游戏方式吸引幼儿主动参与游戏，能够激发幼儿根据游戏情境自由表达出完整的句子，促进该年龄段幼儿的语言发展。

2. 适用年龄

3—4 岁。

3. 材料准备

（1）主要材料：A4 纸、小药瓶、麻绳、手电筒、透明胶带等。

（2）辅助工具：彩色笔、刻刀、打孔机等（见图 5-1）。

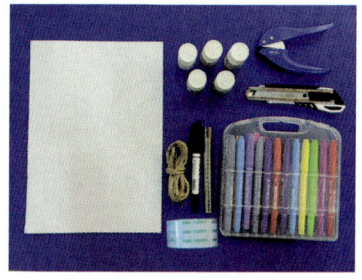

图 5-1　制作材料以及工具

4. 制作方法

（1）制作简易投影工具。使用刻刀将小药瓶的底部切割开，用透明胶带包住切开的底部（见图 5-2）。

图 5-2　透明胶带粘住瓶子的底部

（2）在透明胶带上画出各种小动物（见图 5-3）。

图 5-3　绘画小动物

（3）在 A4 纸上画出多种不同的交通工具作为背景图（见图 5-4）。

图 5-4　绘画交通工具背景图

图 5-5 打孔

（4）在背景图的一侧统一打孔（见图 5-5）。

图 5-6 麻绳穿线固定

（5）用麻绳穿线装订背景图（见图 5-6）。

图 5-7 手电筒投射

（6）一手持小药瓶，一手持手电筒，调整角度将小动物投影到背景图上（见图 5-7）。

图 5-8 制作完成的玩教具

（7）完整制作好的"小动物去旅行"玩教具（见图 5-8）。

5. 玩法介绍

（1）玩法一：幼儿自由选择画有小动物的药瓶，将小动物投影在背景图里的交通工具处，说出小动物和交通工具的名称，并讲一句完整的话（如"×××乘坐×××去旅行"）（见图5-9）。

图5-9 游戏中的幼儿

（2）玩法二：幼儿A与幼儿B合作选择多种动物进行投射，根据画面说一句话或者创编故事。

6. 注意事项

（1）在选择投影工具时，圆筒的口径要略小，聚光效果更好。

（2）可选择使用聚光型手电筒，投影效果更好。

7. 其他制作

可以使用纸巾筒、小圆纸筒等材料制作简易投影工具。

案例二　情绪转盘

1. 设计分析

在成长过程中，随着生活经验的增加，社会交往范围的扩大，幼儿的情绪也越来越丰富。幼儿或因分离焦虑而悲伤，或因遇到开心的事情而开怀大笑,或在集体展示时害羞,或在积木被抢走时愤怒……让幼儿了解并认识不一样的情绪,逐步学会自我情绪管理,更好地与人交往和合作显得十分重要。"情绪转盘"玩教具结合人类不同的表情与表情对应的词语,利用闲置的圆形纸盘等材料制作而成。通过双层纸盘的转动,呈现出不一样的表情和表情名词,幼儿能够初步认识基本的情绪,辨识不同的情绪。幼儿也可以与同伴一起玩"情绪转盘"玩教具,说一说自己遇到的开心或难过的事情,说一说不同情绪在日常生活中带来的感受,在此过程中逐渐学会接纳自己的情绪,理解他人的情绪,以健康的方式来表达情绪。

2. 适用年龄

4—5岁。

图 5-10 制作材料以及工具

3. 材料准备

(1)主要材料:2个大小一致的圆形纸盘。

(2)辅助工具:黑色签字笔、水彩画颜料、水彩画笔、刻刀和垫板等(见图 5-10)。

图 5-11 画卡通人物并涂色

4. 制作方法

(1)取出一个白色圆形纸盘,用黑色签字笔在圆形纸盘上画出卡通人物的轮廓,再用不同颜色的水彩给卡通人物涂颜色(见图 5-11)。

（2）将卡通人物的边缘全部涂底色，突出人物后，取出垫板和刻刀，将画有卡通人物的圆形纸盘放在垫板上，用刻刀将卡通人物的脸部和上半身部分刻空，达到镂空效果（见图5-12）。

图 5-12　镂空效果

（3）再取一个白色圆形纸盘，放到画好人物的纸盘下面（见图5-13）。

图 5-13　两个纸盘重叠

（4）将两个纸盘重叠后，在纸盘镂空处画人物表情及书写代表表情的文字（见图5-14）。

图 5-14　画表情并书写文字

（5）旋转纸盘，分别在纸盘的不同位置均匀地画不同的表情，并书写对应的表情文字（如高兴、伤心、忧愁等）（见图5-15）。

图 5-15　所有表情及对应文字

图 5-16　两个不同的转盘

（6）分别制作好的人物转盘、情绪和文字转盘（见图 5-16）。

图 5-17　制作完成的玩教具

（7）将制作好的转盘进行重叠，制作完成（见图 5-17）。

5. 玩法介绍

（1）玩法一：独立探索——转动情绪转盘，探索并感受不同情绪带来的不同体验，对基本的情绪有初步的了解与认知。

（2）玩法二：合作游戏——幼儿 A 转动情绪转盘，根据转动到的情绪表情，向幼儿 B 分享一件跟此情绪有关的事情，说说自己有这种情绪时的感受。幼儿 A 分享后，由幼儿 B 转动情绪转盘，向幼儿 A 分享何时自己会有此种情绪。幼儿的语言表达能力将有所提高（见图 5-18）。

图 5-18　游戏中的幼儿

6. 注意事项

（1）圆形纸盘应选择较硬的材质，可以保证转动情绪转盘时不易损坏，经久耐用。

（2）情绪表情应绘制准确，避免与实际情况不符。

7. 其他制作

（1）可以将纸杯进行重叠，用同样的方法来制作玩教具。

（2）可以提供情绪表情与事件，让幼儿认识多样的情绪，以及情绪经常出现的情景，帮助幼儿更好地管理自己的情绪，形成良好的社会情感。

案例三　蒙眼听铃声

1. 设计分析

铃铛是我们在生活中常见的材料，它晃动时发出清脆的"铃铃"声，能吸引人们对声音的注意。在幼儿阶段，教师可以利用"铃铃"声来吸引幼儿对声音的注意，使幼儿在专注中辨识声音的方向。"蒙眼听铃声"玩教具就是运用卡纸和铃铛制作的玩教具。这一玩教具采用编织的方式来制作镂空球体，让幼儿既听到铃声响，又看到铃铛在镂空球体中滚动，增加玩教具的趣味性。在游戏中运用眼罩，可以使幼儿的注意力集中至听觉上，让他们更专注于运用听觉来判断铃声方向，从而提高幼儿听觉的敏锐性和方向感，也提高他们的倾听能力与倾听品质，为其后续学习做好充分的准备。

2. 适用年龄

4—5岁。

3. 材料准备

（1）主要材料：卡纸、铃铛、眼罩等。

（2）辅助工具：剪刀、直尺、铅笔等（见图5-19）。

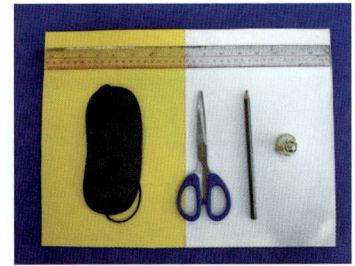

图5-19　所有制作材料及工具

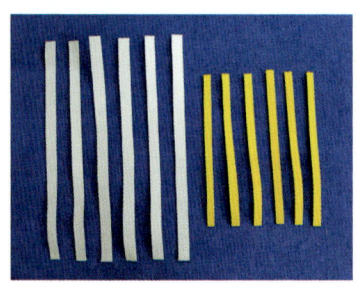

图 5-20 剪好的纸条

4. 制作方法

（1）各取一张白色和黄色卡纸，用剪刀裁出 6 条长约 30 厘米、宽约 1.5 厘米的白色纸条，以及 6 条长约 20 厘米、宽约 1 厘米的黄色纸条（见图 5-20）。

图 5-21 剪好缺口

（2）将 6 条白色纸条叠整齐，在距离上端 0.5 厘米处从右至左剪开 0.75 厘米的缺口，接着在距离下端 0.5 厘米处从左至右剪开 0.75 厘米的缺口。以同样的方式，将黄色纸条的上下两端各剪开 0.5 厘米的缺口（见图 5-21）。

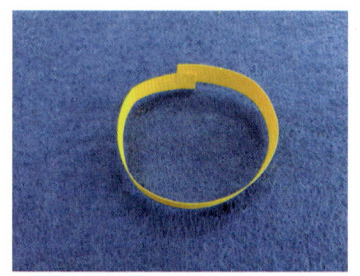

图 5-22 两端缺口交叉

（3）取出一条黄色纸条，将上下两端的缺口交叉插在一起，编成一个圆环，放在一旁备用（见图 5-22）。

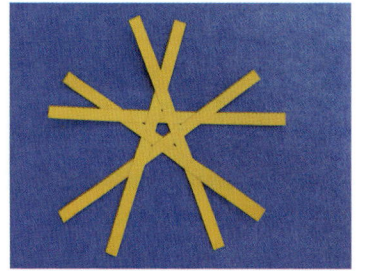

图 5-23 编成五角星

（4）取出剩余的 5 条黄色纸条，以压一挑一的方式编成一个五角星（见图 5-23）。

第五章 语言领域玩教具设计与制作 / 127

（5）将压在下方的一端挑起，套入圆环内，调整一下（见图5-24）。

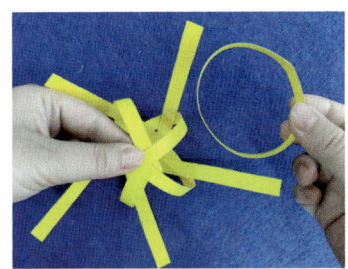

图 5-24 捏起边套入圆环

（6）取同一条黄色纸条，将两端的缺口交叉插在一起（见图5-25）。

图 5-25 取同一纸条拼插

（7）继续拼插剩余的纸条，记得放入铃铛。注意纸条的每一端都要压一挑一，直到编成一个完整的圆球。编好后放到一旁备用（见图5-26）。

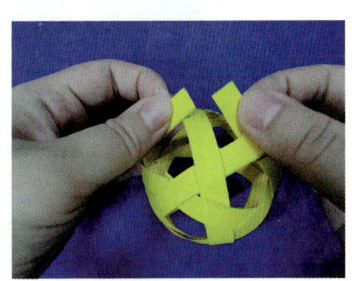

图 5-26 编成完整的圆球

（8）取白色纸条，同样以压一挑一的方式编成半球。将黄色球体放入半球内，再将白色半球以压一挑一的方式编成完整的圆球（见图5-27）。

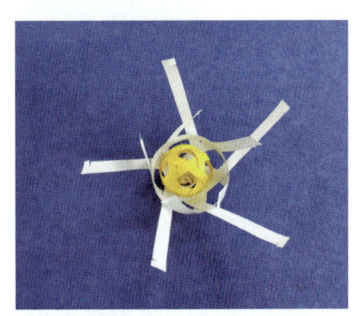

图 5-27 放入大球内

（9）完整制作好的"蒙眼听铃声"玩教具（见图5-28）。

图5-28 制作完成的玩教具

5. 玩法介绍

（1）玩法一：合作游戏——幼儿A蒙上眼罩，幼儿B站在一旁挑选任一方向扔出球体，幼儿A听到声音后，辨别方向并寻找球体（见图5-29）。

图5-29 游戏中的幼儿

（2）玩法二：集体游戏——所有幼儿闭上眼睛，教师在一个方向摇动铃铛球，请幼儿说一说、指一指刚才声音是从哪个方向发出的。

6. 注意事项

（1）可根据实际情况调整球体的大小，裁剪的纸条长宽比为20∶1即可。

（2）纸条上下两端剪开的缺口为纸条宽度的1/2，两端缺口的方向相反。

7. 其他制作

（1）可采用超轻黏土、竹片等材料制作空心球体。

（2）可在球体内放置不同材质、大小、数量的铃铛，调整铃铛声音的大小。

案例四　我说你做

1. 设计分析

幼儿最初通过在生活中大量的倾听和模仿来习得语言，但随着年龄的增长，他们逐渐通过在生活中与他人交往来掌握丰富的词汇以及恰当地运用语言。幼儿天生的模仿本性使他们在生活中经常学习成人或同伴说话，模仿他们的动作、语言来表达自己的想法。幼儿在生活中的倾听很多时候是无意识行为，他们的语言讲述经常无法准确表达自己的真正意思。因此，提升幼儿倾听的有意性，促进幼儿形成良好的表达与倾听能力，提升幼儿准确地理解并运用语言的能力就显得十分必要。教师可以利用生活中常见的KT板或纸箱等材料自制"我说你做"玩教具，结合幼儿的生活经验来制作类似相框的物件，通过幼儿之间的合作进行游戏。一个幼儿可以对相框上特定照片的动作、表情等进行描述，另一个幼儿做出相应的动作，将自己"变成"一张可爱的照片。幼儿在游戏的情景和过程中，通过描述动作，理解肢体语言并做出动作，可以提高语言表达与倾听能力，体验在游戏活动中与同伴交往和合作的乐趣。

2. 适用年龄

4—5岁。

3. 材料准备

（1）主要材料：40厘米×50厘米的KT板、若干张动作和表情照片等。

（2）辅助工具：铅笔、彩色笔、直尺、剪刀、美工刀、热熔胶枪、双面胶、泡沫胶等（见图5-30）。

图5-30　制作材料以及工具

图 5-31 装饰完成的大相框

4. 制作方法

（1）取出 40 厘米 × 50 厘米的 KT 板，用铅笔在四周画出 5 厘米宽的边框，然后用美工刀裁去中间部分，形成一个大相框。用彩色笔在边框上画漂亮、有趣的图案加以装饰（见图 5-31）。

图 5-32 背面的三角形支架

（2）将中间裁出来的 KT 板再切割出两个长条，将两个长条折成两个角度一致的三角形支架，用热熔胶枪粘住连接部分。再将三角形支架粘到相框背面的左下角与右下角，使相框可以立住（见图 5-32）。

图 5-33 制作小相框

（3）用多余的 KT 板裁出两个尺寸为 13 厘米 × 16 厘米的相同长条，制作小相框。左、右、下三边均宽 2 厘米（见图 5-33）。

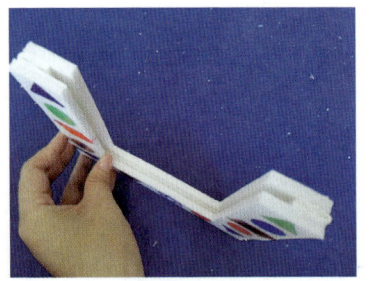

图 5-34 小相框制作完成

（4）用彩色笔在小相框上画出与大相框类似的图案。取带有一定厚度的泡沫胶，沿大相框与小相框的外边缘进行粘贴。泡沫胶要多粘贴几层，使小相框形成夹层，以便插入照片（见图 5-34）。

（5）使用双面胶将制作好的小相框粘贴在大相框的右下角（见图5-35）。

图5-35　小相框粘在右下角

（6）将有各种动作、表情的照片插入小相框中（见图5-36）。

图5-36　小相框中插入照片

（7）完整制作好的"我说你做"玩教具（见图5-37）。

图5-37　制作完成的玩教具

5. 玩法介绍

两名幼儿合作游戏：幼儿A站在相框的后方，幼儿B站在相框的前方，并用语言描述出小相框中照片的动作，幼儿A认真听描述语言，并做出相应的动作。当幼儿A的动作与照片中的动作一致时，幼儿B抽出此张照片，继续进行游戏。在游戏的过程中，幼儿可以交换角色游戏，看看谁做对的动作多。在有条件的幼儿园里，教师可以通过拍照来认证幼儿做出的动作与照片中的动作是否一致（见图5-38）。

图 5-38 游戏中的幼儿

6. 注意事项

（1）打印的照片应是上半身动作或面部表情的照片，这样可以尽可能地使幼儿做的动作呈现在大相框中。

（2）可以将照片塑封，提高玩教具的耐用性。

（3）KT板制作的玩教具的每一个地方要打磨圆滑，避免不安全因素，防止划伤幼儿。

7. 其他制作

（1）可以按照幼儿的使用频率，每周或每月更换一批照片，让幼儿始终保持新鲜感。

（2）除了用KT板进行制作，也可以选择纸壳等更加环保易得的材料。

案例五　故事骰子

1. 设计分析

故事是每个幼儿的成长历程中不可缺失的亲密伙伴，它像阳光雨露一样，滋润着一颗颗稚嫩的童心和一个个七彩的梦想。在促进幼儿语言发展的过程中，教师不仅要为幼儿创设一个敢说、敢于表达的语言氛围，支持、鼓励幼儿大胆表达，也要设计与制作适合幼儿身心发展的语言类玩教具来支持幼儿表达能力、观察力、想象力和创造力的发展。"故事骰子"玩教具由不织布、棉花、涵盖故事要素的图片等材料自制而成。幼儿可以投掷故事骰子，看故事骰子在空中翻转，然后根据故事骰子上的画面来创编故事。通过投掷骰子的不确定性，这一玩教具能够增加游戏的趣味性——骰子翻转的随机性使得最终的故事呈现出不确定性，这在某种程度上丰富和拓展了幼儿创编故事的多样性和可能性。此外，用不织布、棉花来制作骰子会使骰子具有柔软性，带给幼儿一种安全感，更容易让幼儿在温馨和谐的游戏氛围中根据骰子定格的画面线索来猜想与联系故事情节的发展，乐意运用语言来描述所见到的画面，讲述和创编故事。这份材料还可以增强幼儿间的互动性，让他们在游戏中自然而然地积累语言经验，为他们在生活中大胆地运用语言表述、表达建立基础。

2. 适用年龄

4—5岁。

3. 材料准备

（1）制作材料：不织布、棉花、图片（时间、人物、地点、事件各6张）及其对应文字、牛皮纸、过塑纸等。

（2）辅助工具：针线、铅笔、剪刀、尺子等（见图5-39）。

图 5-39　制作材料以及工具

4. 制作方法

（1）用不织布裁剪出4张相同尺寸的正方体展开图，由6个正方形的面组成，可以制作出4个正方体（见图5-40）。

图 5-40　可缝制正方体的布

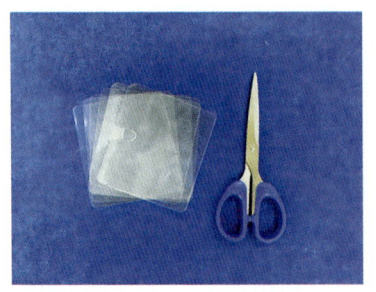

图 5-41　同样大小的过塑纸

（2）将过塑纸进行过塑，使其变硬，然后用剪刀把过塑纸剪出 24 张同样大小的正方形（见图 5-41）。

图 5-42　沿边缝制正方体

（3）选用跟不织布颜色相同的线，将 4 个正方体从内面开始缝合，把过塑纸缝在每一面的上面，并有一条边不封口（见图 5-42）。

图 5-43　把棉花塞进正方体

（4）把棉花塞进正方体，然后用针线缝合最后一条边（见图 5-43）。

图 5-44　4 组不同要素的图片

（5）先剪出时间、人物、地点、事件的图片和文字，再将图片和文字粘贴在有厚度的牛皮纸上（见图 5-44）。

（6）把有关人物的图片插入故事骰子的过塑纸中（见图5-45）。

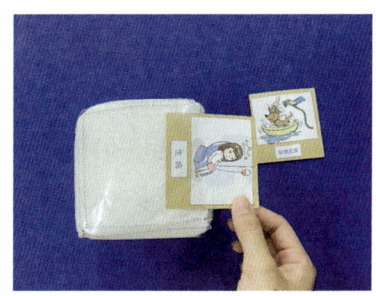

图5-45 插入图片

（7）依次制作完成4个正方体，然后将图片按照时间、地点、人物、事件要素分类，并按类别将图片插入立方体不同面的过塑纸中，完成时间、地点、人物、事件故事骰子的制作（见图5-46）。

图5-46 制作完成的玩教具

5. 玩法介绍

（1）玩法一：独立探索——幼儿取出材料，分别抛掷4个骰子，根据不同的骰子上显示的时间、地点、人物、事件创编故事，例如："今天早上，爸爸妈妈陪我一起去游乐场坐旋转木马。"

（2）玩法二：合作游戏——由两名以上的幼儿进行游戏，通过抛骰子与同伴合作讲故事，幼儿可自行增加戏剧性，一起演绎出故事内容（见图5-47）。

图5-47 游戏中的幼儿

6. 注意事项

（1）故事骰子的材料可为废旧的软布、不织布等，这样的材料可以保证骰子轻软，而且安全耐用，但材料收集回来后要进行清洗和暴晒，确保材料安全卫生。

（2）缝制时需要将过塑纸留出一条没有封口的边，方便后续插图片。

（3）骰子封口前先塞棉花，再封口。

7. 其他制作

（1）刚开始时可只提供两个故事骰子，然后逐渐增多，提高游戏的难度。

（2）可根据幼儿的语言发展水平更换图片，大班幼儿可自己绘画故事内容并进行创编。

案例六　乌鸦喝水

1. 设计分析

《乌鸦喝水》是一个世界有名的伊索寓言故事，是经典的文学作品，也是幼儿园语言教学中的常选作品。"乌鸦喝水"玩教具突破幼儿只能听故事、讲故事的常态，让孩子们尝试表演故事。玩教具的制作材料是幼儿生活中随处可见的石头和瓶子，利用这些材料来模拟故事场景，可以将语言表达与幼儿的生活经验相结合。幼儿在操作玩教具的过程中，不仅能更好地理解故事内容，获得生活经验，也能提高语言表达与讲述能力。幼儿能够体验科学的探究，感受打破惯性思维的成功。幼儿能够了解到一件事情可以有多种解决办法，抓住事物的本质就能找到解决问题的办法，这将促进幼儿思维的发散性，提高幼儿解决问题的能力。

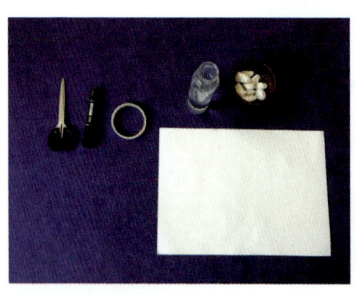

图 5-48　制作材料以及工具

2. 适用年龄

5—6 岁。

3. 材料准备

（1）主要材料：适量的水、透明的瓶子、卡纸、石头等。

（2）辅助工具：双面胶、马克笔、剪刀等（见图 5-48）。

4. 制作方法

（1）在白色卡纸上画出一条弧线，用剪刀沿着弧线的边缘裁剪（见图 5-49）。

图 5-49　画出扇形并剪下

（2）用双面胶黏合扇形的两条边，做成乌鸦嘴巴的形状（图 5-50）。

图 5-50　做成嘴巴形状

（3）用马克笔画出乌鸦的两只眼睛（见图 5-51）。

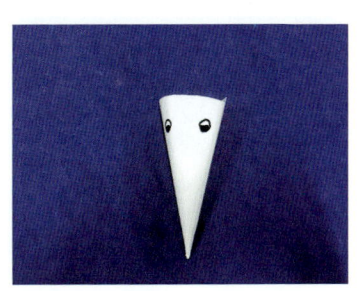

图 5-51　画眼睛

（4）取空水瓶，倒入瓶身一半的水（见图 5-52）。

图 5-52　倒入瓶身一半的水

图 5-53　放入石头

（5）放入石头，使瓶内的水位升高（见图 5-53）。

图 5-54　尝试喝水

（6）将乌鸦的嘴巴放至瓶口处，直至可以喝到水（见图 5-54）。

图 5-55　制作完成的玩教具

（7）制作完成的"乌鸦喝水"玩教具（见图 5-55）。

5. 玩法介绍

（1）玩法一：独立探索——幼儿在餐前、饭后，可以用玩教具进行游戏，独立尝试表演乌鸦喝水的故事，表现故事情节（见图 5-56）。

图 5-56 游戏中的幼儿

（2）玩法二：合作游戏——教师将制作好的玩教具投放到班级表演区域，在区域中为幼儿准备角色服装以及音乐，幼儿使用玩教具为该区域内的其他幼儿表演。

（3）玩法三：科学探索——幼儿与同伴讨论、探究还有什么方式可以让乌鸦喝到水，教师鼓励幼儿大胆想象、探索发现，进而验证。

6. 注意事项

（1）收集的水瓶和石头必须清洗、消毒，石头的大小以能投入瓶子中为宜。

（2）在倒水时，旁边可以备好抹布或吸水海绵，以免打湿地板或桌面。

（3）制作乌鸦嘴的纸需为硬一点的纸。

7. 其他制作

（1）可以根据故事情节制作一些场景，增加讲述时的情景性和趣味性。

（2）可以用矿泉水瓶制作"啄木鸟捉虫子""小鸡和小鸭"等相关故事的表演道具。

案例七 汽车过红绿灯

1. 设计分析

幼小衔接是在幼儿进入幼儿园的第一天就开始的，前书写准备作为幼小衔接的重要内容，应该融合在幼儿的一日活动中，通过寓教于乐的方式让幼儿在活动中自然地提升书写能力，做好书写准备。

前书写准备是围绕幼儿的基本动作、空间知觉、方位知觉、书写方式、习惯等多方面的"学"与"习"。幼儿前书写中的"写"是为幼儿真正开始写字的前期准备。前书写准备并不是机械地让幼儿练习写字和笔画，而是通过涂鸦、图画、符号等形式让幼儿接触与书写有关的内容与形式，产生书写的兴趣，提高手部的灵活性和稳定性。"汽车过红绿灯"玩教具有助于幼儿抓住前书写的敏感期。教师可以利用幼儿喜欢游戏的特性，设计与幼儿生活经验相关联的游戏场景、情景，关注幼儿感官、肢体动作的充分运用与发展，在运笔游戏中激发幼儿的书写欲望，提高他们的动笔能力，促进幼儿为进入小学后的正式书写做好准备。

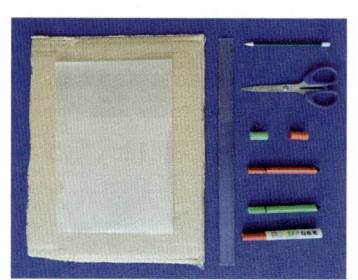

图 5-57 制作材料以及工具

2. 适用年龄

5—6 岁。

3. 材料准备

（1）主要材料：废旧纸板、透明文件袋、可擦白板笔等。

（2）辅助工具：圆柱体、彩色笔、剪刀、铅笔、尺子等（见图 5-57）。

图 5-58 裁剪好的纸板

4. 制作方法

（1）用尺子在废旧纸板上裁剪出 21 厘米 × 29.7 厘米的纸板（见图 5-58）。

（2）用尺子在纸板上测量间距，画出方格，以便确定圆圈位置（见图5-59）。

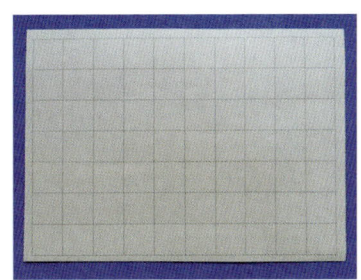

图5-59　测量间距

（3）在方格里画圆圈，并用彩色笔涂上绿色和红色，绿色较多，红色较少（见图5-60）。

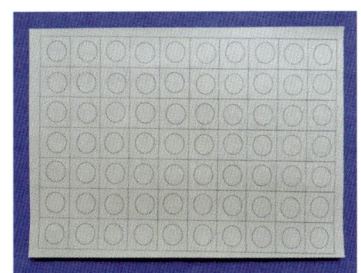

图5-60　确定圆圈位置

（4）将制作好的纸板放进透明文件袋里（见图5-61）。

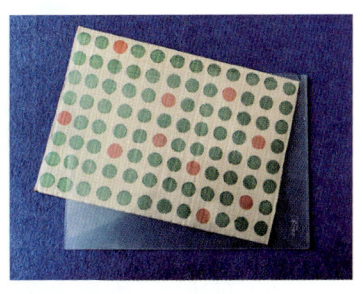

图5-61　制作好的纸板

（5）在剩余的废旧纸板上画几辆不同类型的车辆（如消防车、救护车、私家车等），裁剪、过塑，并在中间打孔。使用时将白板笔穿过汽车中间的圆孔（见图5-62）。

图5-62　制作完成的车辆

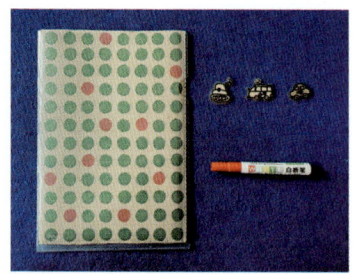

图 5-63　制作完成的玩教具

（6）完整制作好的"汽车过红绿灯"玩教具（见图5-63）。

5. 玩法介绍

（1）玩法一：幼儿取出红绿灯纸板，将一辆车套在白板笔的笔尖处，运用已有的生活经验，根据"红灯停、绿灯行"的交通规则，移动白板笔使车辆开动，画出汽车的行驶路线图（见图5-64）。

图 5-64　游戏中的幼儿

（2）玩法二：在遵守交通规则的情况下，幼儿自由探索在纸板上画满路线的方法，统计可以有几种路线。

6. 注意事项

（1）废旧纸板应选择有硬度的，可以提高材料的反复利用率。

（2）白板笔要随时保持有笔芯液，保障幼儿在操作过程中能够正常使用。

7. 其他制作

（1）可以多制作几辆不同类型的小车子，以供幼儿选择。

（2）在红色、绿色的圆圈中，可以加入一些斑马线或十字路口等交通标志，更加贴近日常生活中的场景。

（3）白板笔可替换成毛线等线类，可以方便幼儿观察汽车的行驶路线。

本章小结

幼儿的语言学习与发展是其全面发展的基石，幼儿在丰富的语言环境中与他人互动、与玩教具互动，主动建构自己的认知体系。本章中陈述了语言领域的内涵和语言领域的目标，围绕倾听与表达、阅读与书写准备两大方面展示语言领域玩教具的设计与制作。本章内容着力突破语言领域玩教具的原有桎梏，而"立体""有趣""开放"等特点鲜明的语言领域玩教具皆在详细案例中得以呈现。

本章思考

1. 教师独自或以小组为单位，选择"倾听与表达""阅读与书写准备"中的一方面，设计并制作一份玩教具，写出制作方案。

2. 教师诊断和分析班级中现有的语言领域玩教具，选择其中一份，依据语言领域的内涵及目标，在原有基础上进行优化，说明优化目的和方法，并将其制作出来。

第六章

社会领域玩教具设计与制作

📖 本章导读

幼儿在社会领域的社会性发展,涉及社会认知、社会情感、社会行为等方面。将有关社会认知的内容融入玩教具,设计出可供幼儿操作与探索的玩教具,对于教师来说并不是难事;但将有关社会情感、社会行为的内容融入玩教具,对于教师来说比较棘手。在教研会议上,教师们分别提出了自己的困惑。

随着教研会议的深入,教师们了解并理解:在日常生活中,幼儿很多良好的社会情感与社会行为是通过教师的正面导向或正面鼓励而形成的。通过有目的的设计与制作,这种鼓励性行为可以与玩教具进行有效联结与融合。例如:教师可以设计相关的棋类玩教具,通过奖励步数或其他方法让幼儿明白什么是可以做的事情。教师可以将这种鼓励性行为显性地蕴含在幼儿愿意且喜爱操作的物体之中,幼儿在探索玩教具时能够获得社会情感与行为的良好发展。

社会性是人的基本属性，我们生活在社会中，就要与他人进行交往和交流。在不断与他人交往的社会生活中，我们表现出来的观念、情感、态度和行为等随着年龄的增长而变化，逐渐形成适合自己的生活情境的人格，掌握社会认可的行为方式。幼儿阶段是人的社会性发展的重要时期，幼儿的社会化情况在一定程度上表明其心理发展的阶段，良好的社会性发展对幼儿的身心健康和其他方面的发展有重要影响。因此，有必要为幼儿创设温暖、关爱、平等、安全的社会环境和生活环境，通过游戏和玩教具潜移默化地培养幼儿的社会性。

人际交往和社会适应是设计和制作社会领域玩教具时主要考量的方面。由于社会领域的内容往往被成人以生硬说教的方式传递给幼儿，在设计社会领域玩教具时尤其要注意"可玩性"，捕捉幼儿在生活中感兴趣的事物。例如，幼儿经常会疑惑垃圾车到底是怎么把垃圾清扫干净的，而通过与"垃圾车"互动，幼儿能树立环保意识，不随意乱扔垃圾，自觉做到爱护环境。

一、社会领域内涵

《指南》中提出，幼儿在社会领域的学习与发展过程是其社会性不断完善并奠定健全的人格基础的过程。幼儿的社会教育以发展幼儿的社会性为目标，以增进幼儿的社会认知、激发幼儿的社会情感、培养幼儿的社会行为为主要内容。

幼儿的社会性发展包括人际交往和社会适应两个方面。幼儿的社会性主要是在日常生活和游戏中通过观察和模仿潜移默化地发展的，同时离不开外界的引导与帮助，所以成人要成为幼儿心中的榜样。幼儿在自主体验情景化的社会活动中培养社会认知、社会情感、社会行为，丰富相关的社会性经验，从而有效地促进社会性发展。

二、社会领域目标

（一）总目标

（1）喜欢适应群体生活。
（2）爱自己、关心尊重他人。
（3）遵守基本的行为规范。
（4）具有初步的归属感。

（二）分类目标

1. 人际交往

（1）乐意与人交往，学习交往的基本规则和技能，遇到问题时协商解决。
（2）具有自尊、自信、自主的表现，敢于尝试和挑战，勇于表达自己的想法。
（3）能注意别人的情绪，尊重、关心、帮助他人。

2. 社会适应

（1）了解社会生活中最基本的规则，主动参加集体活动，懂得并遵守一日生活中的各项规则。
（2）爱护身边的环境，注意节约资源。
（3）知道自己的民族，了解我国主要的民族和风景名胜；有爱家乡、爱祖国的情感。

三、社会领域玩教具框架

社会领域玩教具框架见表 6-1。

表 6-1　社会领域玩教具框架

序号 \ 分类	人际交往	社会适应	……
1	礼仪摩天轮	环保达人棋	……
2	生日会	我爱我的祖国	……
3	我是小主人	地铁安检	……
4	表情变变变	尊老爱幼	……
5	不一样的我们	好玩的游乐场	……
6	角色扮演	卡通垃圾车	……
7	我是小帮手	我要上小学	……
8	……	……	……

四、社会领域经典玩教具实例

案例一　升国旗

1. 设计分析

我国国旗是中华人民共和国的标志，代表着祖国的光辉形象。为了激发幼儿爱护国旗、尊敬国旗的情感，教师可以利用生活中的废旧手机盒、一次性筷子、五星红旗贴纸等材料制作"升国旗"玩教具，结合幼儿的生活经验，并以幼儿亲身体验升国旗的方式来吸引幼儿参与游戏、探索玩教具。幼儿通过升国旗活动，能够感受升国旗的神圣与美好，初步萌发对祖国的热爱和敬仰，树立爱祖国的情感。

2. 适用年龄

3—4岁。

第六章 社会领域玩教具设计与制作

3. 材料准备

（1）主要材料：废旧手机盒、一次性筷子、五星红旗贴纸、白色棉线、红色棉线、线轴等。

（2）辅助工具：铅笔、热熔胶枪、剪刀等（见图6-1）。

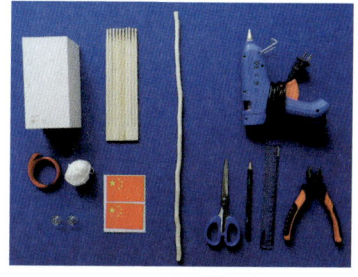

图 6-1 制作材料以及工具

4. 制作方法

（1）制作升旗台围栏。将一次性筷子裁成9个4厘米长的栏杆（见图6-2）。

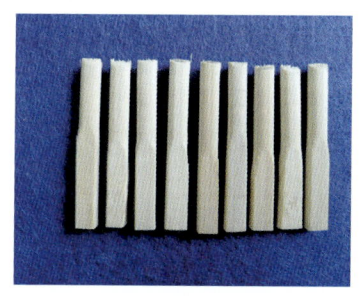

图 6-2 制作升旗台围栏

（2）制作升旗台。在手机盒上三条连续的边沿，取9个距离相等的点，将裁好的筷子均匀地粘在9个点上（见图6-3）。

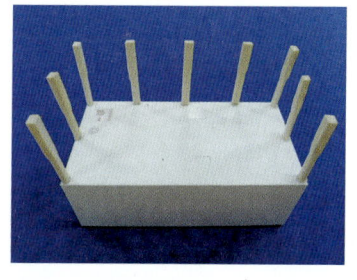

图 6-3 制作升旗台

（3）取两条红色丝带，将红色丝带沿着筷子顶部连续粘贴（见图6-4）。

图 6-4 粘贴红色丝带

图 6-5　固定好的升旗旗杆

（4）在手机盒的正中心取一个点,将一次性筷子立起来粘在点上,制作升旗旗杆（见图 6-5）。

图 6-6　固定两个线轴

（5）在距离升旗台高 4 厘米处将一个线轴固定到旗杆上,在旗杆上端固定另一个线轴（见图 6-6）。

图 6-7　制作可移动的五星红旗

（6）将棉线套在两个线轴上,在旗杆外侧的棉线上粘贴五星红旗（见图 6-7）。

图 6-8　制作完成的玩教具

（7）完整制作好的"升国旗"玩教具（见图 6-8）。

5. 玩法介绍

幼儿拉动白色棉线，国旗缓缓向上升起，直至上升到顶部（见图6-9）。

图6-9　游戏中的幼儿

6. 注意事项

在粘贴两个线轴时应该注意，两个线轴要能够转动起来，保证幼儿在拉动棉线时，国旗能够随着棉线的移动而升起和降下。

7. 其他制作

（1）可将国旗做成可拆卸的，增加玩教具的趣味性及幼儿持续游戏的兴趣。

（2）在条件有限的情况下，可以用吸管、雪糕棒等代替一次性筷子。

案例二　礼仪摩天轮

1. 设计分析

随着自我意识和语言表达能力的增强，幼儿逐渐产生了与周围人交流、交往的需要，游戏是促进幼儿交往、培养幼儿人际交往技能的有效途径。"礼仪摩天轮"玩教具是利用生活中常见的吸管、卡纸制作而成的。这一玩教具运用转动转盘的方式增加游戏的趣味性，游戏结果的不确定性和偶然性也进一步激发了幼儿游戏的热情和探究的兴趣。在游戏中，幼儿可以轮流旋转摩天轮，找到箭头所指的图片，做出相应的礼仪动作。幼儿能够学习和掌握日常礼貌用语（如"你好""谢谢"等）和文明行为，形成喜欢与人交往、能够与同伴友好相处、关心和尊重他人的美好品质。

2. 适用年龄

3—4岁。

3. 材料准备

（1）主要材料：纸吸管、表示文明行为的图片、过胶膜、硬纸板、红色卡纸等。

（2）辅助工具：铅笔、小胶带、热熔胶枪、美工剪刀等（见图6-10）。

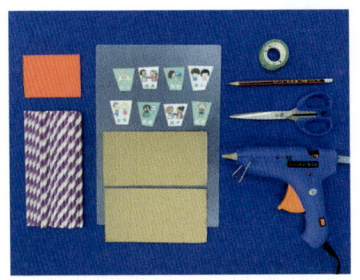

图6-10　制作材料以及工具

4. 制作方法

（1）制作摩天轮支架。将2根纸吸管黏合在一起，制作2组底座（见图6-11）。

图6-11　将吸管两两黏合

（2）取2根纸吸管，分别在吸管两头剪出三角形凹槽，便于将有凹槽的吸管与底座组合在一起（见图6-12）。

图6-12　剪三角形凹槽

（3）将纸吸管插入三角形凹槽，黏合固定，完成2个支架半成品（见图6-13）。

图6-13　两个支架半成品

（4）取2根纸吸管，对半剪成4根1/2纸吸管，将1/2纸吸管两两黏合在一起，最后与支架组合（见图6-14）。

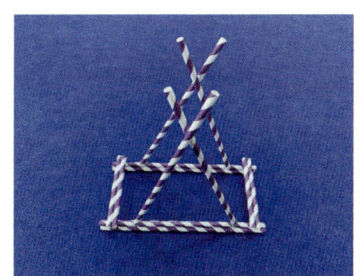

图6-14　组合完成支架

（5）制作摩天轮转轮。将硬纸板剪出圆形。用剪刀在圆形纸板中间钻洞，使纸吸管能穿过去。再使用8根1/2纸吸管与圆形纸板组合成转轮。最后将支架、转轮组合在一起，黏合固定，完成摩天轮转轮（见图6-15）。

图6-15　制作完成转轮

（6）制作礼仪卡片。沿轮廓裁剪、过塑文明行为图片，将其与8个圆形纸板粘贴在一起，制作礼仪卡片，并将其粘贴到转轮上。用红色卡纸剪出箭头，将箭头粘贴到摩天轮中心的圆形纸板上（见图6-16）。

图6-16　粘贴礼仪卡片和箭头

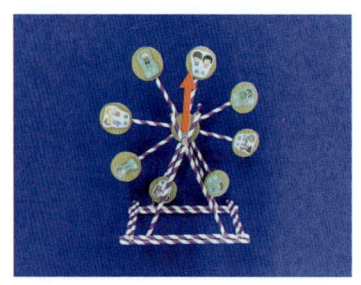

图 6-17　制作完成的玩教具

（7）完整制作好的"礼仪摩天轮"玩教具（见图 6-17）。

5. 玩法介绍

（1）玩法一：幼儿 A 与幼儿 B 轮流旋转摩天轮，找到箭头所指的图片，同时做出相应的礼仪动作。

（2）玩法二：幼儿 A 旋转摩天轮，并做出箭头所指的礼仪动作，幼儿 B 根据幼儿 A 的动作说出动作的名称（见图 6-18）。

图 6-18　游戏中的幼儿

（3）玩法三：幼儿旋转摩天轮，根据箭头所指的礼仪卡片，讲一句话或故事。

（4）玩法四：幼儿旋转摩天轮，根据箭头所指的礼仪卡片，找他人合作完成动作。

6. 注意事项

应选择硬度适宜的纸吸管，这样的材料可以保证玩教具的完整性与耐用性。

7. 其他制作

（1）可以制作更多的礼仪卡片，增加玩教具的趣味性及幼儿持续游戏的兴趣。

（2）在条件有限的情况下，可以用一次性筷子、雪糕棒等代替纸吸管。

案例三　环保达人棋

1. 设计分析

在大力提倡垃圾分类的今天，引导幼儿准确进行垃圾分类就显得十分必要。教师可以利用各类垃圾图片、卡纸、纸杯、燕尾夹、格子布等材料自制"环保达人棋"玩教具，将幼儿在一日生活中常见的牛奶盒、骨头、虾壳、橙子皮、葡萄籽和纸屑等垃圾设计到游戏棋中。幼儿可以根据以往的生活经验，在游戏中辨识不同的垃圾，并尝试将垃圾进行分类投放，逐步树立环保意识，增强对垃圾分类的理解。"环保达人棋"玩教具能够提供幼儿一起游戏、相互学习的机会，实现经验互补，共促成长。

2. 适用年龄

4—5岁。

3. 材料准备

（1）主要材料：图片（四类垃圾、垃圾分类标识和棋子小人）、格子布、燕尾夹、卡纸、纸杯、骰子、即时贴、过塑纸和魔术贴等。

（2）辅助工具：剪刀、彩色笔、双面胶和过塑机等（见图6-19）。

图6-19　制作材料以及工具

4. 制作方法

（1）用剪刀剪下打印的垃圾图片，剪好后进行过塑处理，制作好四类不同的垃圾卡片（见图6-20）。

图6-20　四类不同的垃圾卡片

图 6-21 制作好的垃圾桶盖

（2）剪 4 小段白色卡纸条，分别将白色卡纸条的两头用双面胶固定到圆形卡纸上，制作垃圾桶的桶盖和拉手（见图 6-21）。

图 6-22 不同类别垃圾桶

（3）将魔术贴分别粘到垃圾桶的侧面和垃圾分类标识卡片上，再将垃圾分类标识卡片粘到垃圾桶的侧面，完成不同类别垃圾桶的制作（见图 6-22）。

图 6-23 立起的棋子小人

（4）用燕尾夹夹住棋子小人卡片，然后将燕尾夹的手捏环拆掉，完成棋子小人的制作（见图 6-23）。

图 6-24 棋盘上贴即时贴

（5）准备好格子布，根据四类垃圾桶的颜色，剪出相同大小的四色即时贴，将即时贴贴到棋盘上（见图 6-24）。

（6）用绿色、蓝色、黑色和红色的彩色笔，在棋格上标出相应的颜色。在出发点用相应颜色的彩色笔画出箭头，表示各棋子小人出发的方向。在中心点画五角星，代表终点。完成棋盘的制作（见图 6-25）。

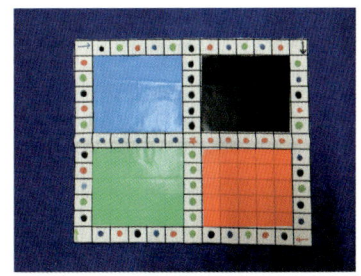

图 6-25　制作完成的棋盘

（7）将 4 个不同类别的垃圾筒放在相应的棋盘位置，将垃圾图片贴在对应颜色的棋格上，制作完成"环保达人棋"玩教具（见图 6-26）。

图 6-26　制作完成的玩教具

5. 玩法介绍

可由 2~4 名幼儿进行游戏。幼儿可以自行选择可回收物（蓝色）、有害垃圾（红色）、厨余垃圾（绿色）和其他垃圾（灰黑色）的路线。棋格上按规律摆放了四类垃圾卡片，幼儿分别投掷骰子，按照点数前进相应的格子数。当棋子小人落在和自己颜色相同的垃圾卡片上时，即可吃掉垃圾卡片，并将垃圾卡片投入相应的垃圾桶内。当棋子小人落在和自己颜色不同的垃圾卡片上时，则留在原地，等待下一轮投掷骰子。四个棋子小人谁先吃完垃圾卡片，谁胜出（见图 6-27）。

图 6-27　游戏中的幼儿

6. 注意事项

（1）收集的废旧格子布要清洗、消毒，确保玩教具的安全卫生。

（2）应选择较硬的纸杯，制作出来的垃圾桶比较耐用。

7. 其他制作

（1）可以加入垃圾分类贴小游戏。可制作大的垃圾桶，贴上磁铁，同时在垃圾卡片上贴磁铁。幼儿可以将粘有不同"垃圾"的磁铁，分别贴在对应的垃圾桶上。

（2）由于不同城市的垃圾分类标准略有差异，可根据当地的垃圾分类标准和要求制作本土化的"垃圾分类棋盘"。

案例四　卡通垃圾车

1. 设计分析

"嘀嗒……嘀嗒嗒……"马路上垃圾车的音乐常常吸引幼儿的注意，他们喜欢盯着正在运行的垃圾车看，好奇垃圾车是怎样把地上的垃圾清扫干净的。为满足幼儿探索垃圾车的欲望，结合幼儿的生活经验，教师可以利用废旧纸箱、一次性饭盒、瓶盖等材料自制"卡通垃圾车"玩教具，让幼儿通过动手操作来了解垃圾车的功能和构造，使幼儿树立环保意识，养成不随意乱扔垃圾的好习惯，形成热爱自然、保护环境的良好品质，尊重劳动者及其劳动成果。

2. 适用年龄

4—5岁。

3. 材料准备

（1）主要材料：纸箱、黑色即时贴、白色即时贴、毛毡板、一次性饭盒、瓶盖、超轻黏土、吸管、小木棍、圆木片等。

（2）辅助工具：水粉刷、美工刀、剪刀、热熔胶枪、丙烯颜料（白色、蓝色、黄色）、贴纸等（见图6-28）。

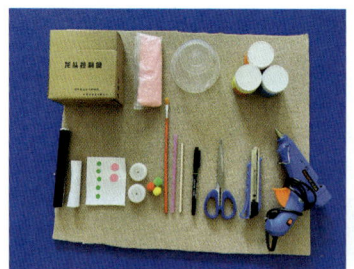

图6-28　制作材料以及工具

4. 制作方法

（1）裁剪出大小为 18 厘米 × 100 厘米的黑色即时贴，贴在毛毡板上，再裁剪出大小为 1 厘米 × 7 厘米的白色即时贴，将剪下来的白色即时贴贴在黑色即时贴上，呈现出斑马线、车道分界线等（见图 6-29）。

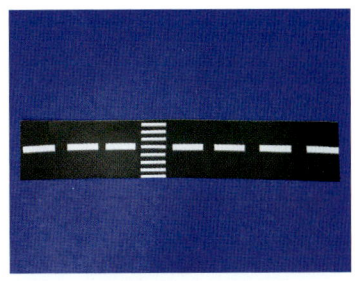

图 6-29　制作完成的马路场景

（2）取出超轻黏土，将超轻黏土揉搓成圆球，再捏出其他部位，做成一个小脑袋，放在一旁晾干（见图 6-30）。

图 6-30　制作完成卡通头像

（3）取一次性饭盒和吸管，先对半剪开吸管，用热熔胶枪黏合吸管与一次性饭盒，再用胶枪将做好的小脑袋固定在一次性饭盒上（见图 6-31）。

图 6-31　制作垃圾车上半部分

（4）拿出饭盒盖，先对半剪，把对半剪的饭盒盖剪出小方片，再把小方片沿边缘剪出梳子的齿状。拿出小木棍和瓶盖，用热熔胶枪将齿状小方片、小木棍、瓶盖进行一一组合粘贴，做出垃圾车里滚轴状的扫地车轮（见图 6-32）。

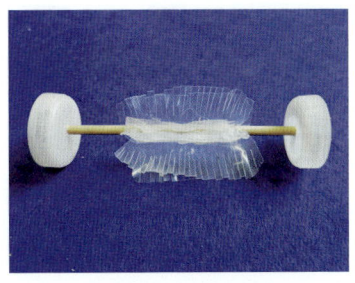

图 6-32　制作完成的扫地车轮

图 6-33 完整的卡通垃圾车

（5）将垃圾车底部的扫地车轮与上半部分进行组合，制作完整的卡通垃圾车（见图 6-33）。

图 6-34 街道建筑与红绿灯

（6）取出其他废旧纸箱、雪糕棒、毛球等材料，制作出各类建筑物、红绿灯等交通标志（见图 6-34）。

图 6-35 完整的街道场景

（7）用热熔胶枪将制作好的建筑物、红绿灯等物品依次粘在毛毡板上，制作出街道场景（见图 6-35）。

图 6-36 街道上的垃圾

（8）设置布满垃圾、等待垃圾车清扫的街道场景（见图 6-36）。

（9）用垃圾车来清扫街道上的各种垃圾（见图6-37）。

图6-37　垃圾车清扫街道

5. 玩法介绍

（1）玩法一：个别游戏——幼儿在街道上洒不同材质的垃圾，然后用垃圾车进行清扫，将所有垃圾全部装入垃圾车即可。

（2）玩法二：合作游戏——幼儿A将垃圾任意散放到某个地方，幼儿B拿起垃圾车快速地寻找垃圾，并将垃圾装入垃圾车（见图6-38）。

图6-38　游戏中的幼儿

（3）玩法三：合作游戏——幼儿A与幼儿B同时拿起垃圾车，两人进行比赛，看谁装的垃圾最多。

6. 注意事项

（1）应该选用较硬材质的一次性饭盒，这样制作出来的垃圾车不会因为质地软而无法使用。

（2）在制作扫地车轮的过程中，应注意要剪出一样大小的梳子齿状，长度不宜过长。

7. 其他制作

（1）可以利用废旧纸盒、瓶子创设出不同的场景（如校园、公园等），让幼儿有持续游戏的兴趣。

（2）除了选用一次性饭盒来制作垃圾车，也可以增添其他的材料（如塑料瓶、纸箱等）。

案例五 地铁安检

1. 设计分析

搭飞机、坐火车、乘地铁、进博物馆都需要进行安检，物品安检器上的遮挡布为物品安检蒙上了一层神秘的"面纱"，使幼儿对安检过程产生了浓厚的兴趣。相对于飞机和火车站的安检，地铁安检更贴近幼儿的日常生活，是他们经常看到并接触最多的安检方式。教师可以利用纸盒、过塑纸等材料制作"地铁安检"玩教具，进一步激发幼儿对地铁安检的探索兴趣。幼儿在体验地铁安检的过程中，能够初步了解地铁上可携带的物品和禁止携带的物品，养成在公共场所排队的行为习惯，锻炼语言沟通能力和观察能力，增强主动遵守公共规则的意识。

2. 适用年龄

4—5岁。

3. 材料准备

（1）主要材料：纸盒、过塑纸、黑色不织布、白色卡纸、KT板、吸管、魔术贴、牛皮纸、浅灰色即时贴、超轻黏土等。

（2）辅助工具：剪刀、直尺、铅笔、彩色笔、双面胶、刻刀和热熔胶枪等（见图6-39）。

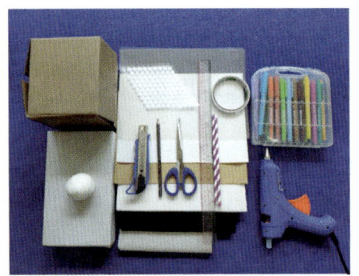

图6-39 制作材料以及工具

4. 制作方法

（1）制作安检门和传送带底座。将纸盒裁出2个25厘米×8厘米的长方形、2个10厘米×8厘米的长方形、2个8厘米×3厘米的长方形。用热熔胶枪将6块纸板黏合成安检门。然后制作传送带底座。取一扁形纸盒，用刻刀在纸盒的两个侧面各挖两个圆孔，找到两个圆孔的连线并割开（见图6-40）。

图6-40　制作安检门及底座

（2）制作传送带。将浅灰色即时贴剪成长条，宽度略小于纸盒宽度，每隔8厘米贴上魔术贴勾刺纤维面。取两根长15厘米的吸管，撕开即时贴，分别粘在两根吸管上（见图6-41）。

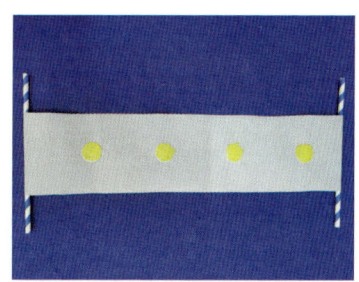

图6-41　带魔术贴的传送带

（3）将传送带的吸管从底座圆孔处插入底座内，向内旋转吸管，把多余的即时贴卷起，使即时贴平整地覆盖在底座上（见图6-42）。

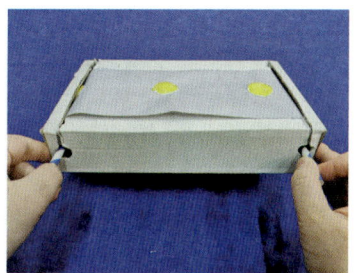

图6-42　传送带与底座组合

（4）用超轻黏土揉成球，并粘在吸管的两端，固定传送带，然后将门黏合在安好传送带的底座上（见图6-43）。

图6-43　传送带底座与门组合

图 6-44 制作好的卡通人像

（5）打印若干个卡通人像，沿轮廓裁剪、衬底、过塑。用刻刀在 KT 板上裁出若干个小方块，在中间刻出一条缝，方便人像站立，用胶枪将人像固定在 KT 板上。在 KT 板的底面贴魔术贴柔软纤维面（见图 6-44）。

图 6-45 探测人像背面

（6）用黑色不织布制作人物背包并用魔术贴固定在人物的背面，正面也粘好魔术贴。用彩色笔在过塑纸上画出并剪下 12 件物品的图片，分别贴好魔术贴。在白纸上画出并剪下探测器，安检时将探测器置于物品上方（见图 6-45）。

图 6-46 制作完成的玩教具

（7）打印安检单并过塑，并与其他完成的所有材料组合成完整的"地铁安检"玩教具（见图 6-46）。

5. 玩法介绍

（1）玩法一：取出卡通人物，背面贴上背包。取出物品贴在背包上。将人物粘在传送带上。用手转动传送带，使人物移动到安检门处。幼儿一边拿探测器检测乘客背包，一边对照安检单，若检测出违禁品，则将乘客请到一边，反之则通行（见图 6-47）。

图 6-47　游戏中的幼儿

（2）玩法二：幼儿 A 当安检员，幼儿 B 当乘客，安检员用语言引导乘客进行安检，当发现卡通人物背包中有禁止携带的物品时，幼儿 A 学习用适当的语言与幼儿 B 进行沟通。

6. 注意事项

（1）将魔术贴粘在传送带、KT 板、背包、人像和物品背面时，应注意魔术贴的勾刺纤维面和柔软纤维面。

（2）制作时，应根据安检门的不同高度和宽度，调整人像和物品大小。

7. 其他制作

（1）安检场景可改为机场、高铁站等。

（2）可制作更多种类的安检物品，满足幼儿持续探索的需求。

案例六　我要上小学

1. 设计分析

做好幼小衔接是幼儿园大班教育的重点，教师应遵循幼儿的身心发展规律，在幼儿的一日活动中渗透幼小衔接的相关内容，培养幼儿的相关能力。当大班幼儿看到哥哥姐姐进入小学，开始新的学习与生活时，他们对小学的期望与憧憬也与日俱增，希望自己也能像哥哥姐姐一样背着书包走进小学。为了使幼儿未来能够顺利地适应小学的学习和生活，教师不但需要让幼儿习得相关的知识、技能，更应该培养幼儿良好的行为和学习习惯。"我要上小学"

玩教具将生活中常见的废旧木盒子用作底板材料，教师可以在木盒子上绘制棋盘格，并贴上相关的良好行为习惯和不良行为习惯的照片。在游戏和互动的过程中，良好的游戏体验能够使幼儿获得愉悦的情绪，游戏规则和游戏经验会使幼儿在潜移默化中认识、了解以及习得良好的生活和学习习惯。

2. 适用年龄

5—6岁。

3. 材料准备

图6-48 制作材料以及工具

（1）主要材料：木盒子、按照棋格大小打印的图片（涉及做运动、自己穿衣服、爱读书、举手发言、按时睡觉、生病、自觉洗手、主动喝水、挑食、正确的写字坐姿、一起游戏、五星红旗、拿放大镜探索、认识时钟、躺着看书、红灯停、走斑马线等）、四位玩家的头像图片、四个纽扣、一个骰子等。

（2）辅助工具：铅笔、彩色笔、双面胶、美工剪刀、直尺等（见图6-48）。

4. 制作方法

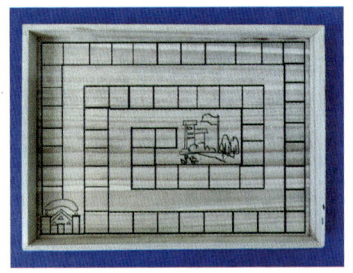

图6-49 在木盒底绘制棋格

（1）取废旧木盒，用铅笔在木盒上绘制蛇形棋格，将棋格设置为60个，起点为幼儿园，终点为小学（见图6-49）。

图6-50 棋格勾边和填充颜色

（2）用黑色笔将画好的棋格勾边并填充不同的颜色（见图6-50）。

（3）将准备好的图片随机但间隔均匀地贴入棋格（见图6-51）。

图6-51　间隔均匀粘贴图片

（4）将数字1~60书写到棋格中，遇到有图片的棋格则跳过数字，直到将空格全部写满（见图6-52）。

图6-52　在空格中填充数字

（5）把四位玩家的头像用双面胶固定在纽扣上（见图6-53）。

图6-53　设计四位玩家头像

（6）在特殊图片旁标注奖励或惩罚步数，如：做运动+2，按时睡觉+2，生病-1，挑食-1，正确的写字坐姿+3，拿放大镜探索+2，躺着看书-2等（见图6-54）。

图6-54　标注奖励和惩罚步数

（7）完整制作好的"我要上小学"玩教具（见图6-55）。

图6-55　制作完成的玩教具

5. 玩法介绍

（1）玩法一：两名幼儿轮流掷骰子，从幼儿园出发，按照相应的步数，对照图画前进，先到达小学的幼儿获胜（见图6-56）。

图6-56　游戏中的幼儿

（2）玩法二：四名幼儿轮流掷骰子，按先后到达小学的顺序进行名次排序后结束游戏。

6. 注意事项

（1）棋盘需平整，方便幼儿平稳摆放头像。

（2）可根据棋盘大小设计棋格大小。

（3）图片应根据棋格大小来打印，避免图片因过大而放不进棋格。

7. 其他制作

（1）可以用纸箱、布、KT板等其他合适的材料制作棋盘。

（2）可以用小人偶等塑造玩家形象。

案例七 我爱我的祖国

1. 设计分析

每周一升国旗时,国歌奏响,国旗冉冉升起,迎风飘扬,幼儿的爱国情感油然而生。教师可以将与中国文化相关的图片融入棋盘,制作"我爱我的祖国"玩教具,通过让幼儿进行棋盘游戏,促进幼儿对祖国文化的深刻认识和了解。此外,在游戏的过程中,通过彼此对关于祖国的标志及文化的讨论与互动,幼儿可以进一步加深对祖国文化的理解,进而激发了解更多祖国文化相关内容的热情,萌发爱国意识和爱国情感。

2. 适用年龄

5—6岁。

3. 材料准备

(1)主要材料:大、中、小号纸盒,超轻黏土,即时贴(红色、黄色),图片(代表中国文化或形象),天安门城楼图片,小旗子,梯子,骰子,两个玩家人偶等。

(2)辅助工具:胶枪、双面胶、黑色马克笔、剪刀等(见图6-57)。

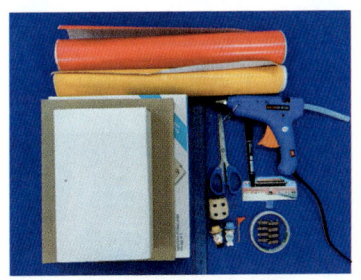

图6-57 制作材料以及工具

4. 制作方法

(1)取出纸盒和即时贴,将大号和小号纸盒用红色即时贴贴好,将中号纸盒用黄色即时贴贴好。将三个纸盒从大到小对准中心位叠放。用胶枪将三个纸盒依次上下黏合,呈台阶状,制作完成棋盘底座(见图6-58)。

图6-58 制作完成棋盘底座

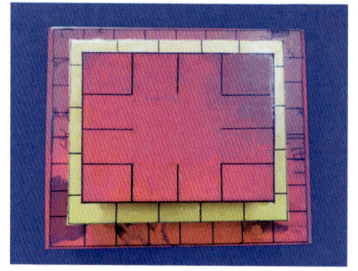

图 6-59　绘画棋盘棋格

（2）纸盒粘贴稳固后，根据纸盒留出的边缘大小，均匀划分格子。大号纸盒上画 28 格，中号纸盒上画 16 格，小号纸盒上画 12 格，共计 56 格，用黑色马克笔绘制棋格。在纸盒的最顶部留有空白处，放置天安门城楼图片（见图 6-59）。

图 6-60　在棋格中粘贴图片

（3）将代表中国文化或形象的图片裁剪并过塑，用双面胶一一粘贴到三层棋盘的棋格中（见图 6-60）。

图 6-61　完成步数规则填写

（4）根据图片设计步数规则，用黑色马克笔在图片旁标注。例如：鞠躬 +2、水饺 +1、剪纸 +1、舞龙上升一层、熊猫 +3、风筝 +2、长城 +3、广州塔 +1、宇航员上升一层、升国旗 +1、乒乓球 +3、国徽上升至终点（见图 6-61）。

图 6-62　设置终点并固定楼梯

（5）在顶层的空白位置设定终点，把国旗立在终点位置。用热熔胶枪将楼梯固定在"上升一层"的格子处（见图 6-62）。

第六章　社会领域玩教具设计与制作　/　171

（6）把准备好的天安门城楼图片立在棋盘顶层的中心位置（见图6-63）。

图6-63　放置天安门图片

（7）完整制作完成的"我爱我的祖国"玩教具（见图6-64）。

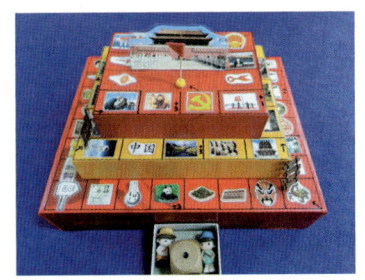

图6-64　制作完成的玩教具

5. 玩法介绍

（1）玩法一：个别游戏——幼儿从起点出发，掷骰子，走步数，按照图片的指示前进或上升一层，到达天安门城楼顶部、拿到小旗即为结束。

（2）玩法二：合作游戏——两名幼儿进行比赛，轮流掷骰子，先到达天安门城楼顶部、拿到小旗者为胜（见图6-65）。

图6-65　游戏中的幼儿

6. 注意事项

（1）收集的纸盒需稳定性强，有一定的承重力，结实耐用。

（2）在纸盒上粘贴即时贴时要平整，方便在上面绘制棋格。

（3）棋格大小应根据盒子的空余位置设定，图片大小应根据棋格空间确定，避免过大或过小。

7. 其他制作

（1）可用废旧铁盒等立体材料制作棋盘，可用颜料涂色代替即时贴。

（2）可以将图片进行分类，制作成"中国风光棋""中国美食棋""中国动物棋"等各类有关中国文化的棋类游戏。

 本章小结

幼儿的社会性发展能够影响其今后在社会中待人接物的观念、态度和行为。本章中陈述了社会领域的内涵及目标，并以"人际交往"和"社会适应"为主来设计和制作具有代表性的玩教具。由于社会领域的内容具有抽象性，因此本章中呈现的玩教具主要突出"生活化"与"可玩性"，致力于帮助幼儿通过游戏实现社会性发展。

本章思考

1. 教师独自或以小组为单位，选择"人际交往"或"社会适应"中的一方面，设计并制作一份玩教具，写出制作方案。

2. 教师结合班级内开展的主题活动、节日活动等，设计并制作一份社会领域玩教具。

第七章

科学领域玩教具设计与制作

📖 本章导读

在教研会议上，教师们提出科学领域中的科学探究涉及科学小实验、动植物等，这些都是幼儿可以动手或在生活中通过看、摸等亲身体验到的内容。此外，这一领域中还有许多关于各种科学现象的内容，科学知识可以帮助我们解决许多在生活中遇到的问题。那么，如何通过设计玩教具来引导孩子捕捉并了解科学现象？如何在玩教具的设计中有效地将科学与真实生活进行有效结合？

主持人围绕问题引导教师开展了深入研讨，让教师通过查找书籍、上网搜索等多种方法寻找幼儿身边常见的自然、物理和化学现象，以及这些现象发生的原因，做到"知其然，更知其所以然"。然后主持人引导教师基于现象背后的原理，讨论如何运用物质载体呈现这些现象，并呈现这些现象发生的过程，使幼儿感知现象，并对身边的事物产生探索的兴趣。最后，主持人还引导教师围绕其他问题展开了深入研讨，并形成设计和制作玩教具的各种方案。

幼儿总是对新奇、有趣、神秘的事物感到好奇，能关注到生活中事物的变化或自然界的奇特现象。但幼儿的思维以具体形象思维为主，教师应以直接感知、亲身体验和实际操作的方式引导幼儿探究自然事物、解决实际问题，而非追求幼儿对科学知识与技能的掌握。因此，科学领域的学习更强调幼儿通过主动摆弄、操作玩教具进行探究学习。

在设计与制作科学领域的玩教具时，教师应主要围绕自然、科技、探究三方面，引导幼儿运用科学的方法来探究事物和解决问题。除了把握科学领域的核心经验外，教师也应抓住幼儿在日常生活中的发现，保护他们的好奇心，鼓励并提供条件来支持他们的探究活动，而玩教具就是支持幼儿开展科学学习的条件之一。例如，在操作"光影动物盒"玩教具的过程中，幼儿可以在灯光前摆弄动物模型，观察影子的变化，初步感知光影等科学现象和知识。

一、科学领域内涵

《指南》中提出，幼儿的科学学习是在探究具体事物和解决实际问题中，尝试发现事物间的异同和联系的过程。幼儿通过观察、比较、操作、实验等方法，学习发现问题、分析问题和解决问题。成人应帮助幼儿不断积累经验，并将其运用于新的学习活动，形成受益终生的学习态度和能力。

在科学活动中，除了掌握科学方法和技能，形成科学探索的精神也是至关重要的。成人对科学的兴趣和探索欲望大部分来源于幼年期好奇心的满足，幼儿对改变事物的能力和成就感的体验，能激发他们产生更加浓厚和持久的兴趣，在内心种下科学的种子，并且养成认真专注、不怕困难、敢于探究和尝试等积极的学习品质。同时，他们也将更加关切我们所生活的环境，关注人类社会文明的进步和新事物的发展。

二、科学领域目标

（一）总目标

（1）激发好奇心和求知欲，萌发对大自然的热爱，拥有责任感、主动性、创造性等优良品质。

（2）尝试使用科学的方法（如观察、对比、收集、分析、实验等），提升解决问题的能力。

（3）探索周围的事物，发现事物与事物之间的联系，建立初步的科学概念。

（二）分类目标

1. 自然

（1）观察和了解自然界中的现象及其特点，理解自然与人类生活的密切关系，初步积累生物学经验。

（2）喜欢观察动植物，了解动植物的生活习性，培养保护环境的意识。

2. 科技

（1）对新事物充满好奇，乐于体验与科技相关的玩教具。

（2）了解科学技术的发展与身边事物的密切联系。

3. 探究

（1）愿意动手动脑，有浓厚的探究欲望和对科学探索的兴趣。

（2）通过直接感知、体验的方式了解粗浅的物理和化学现象，初步积累物理、化学经验。

（3）掌握探究事物的简单方法和程序，体会探究过程中的乐趣和成就感。

三、科学领域玩教具框架

科学领域玩教具框架见表 7-1。

表 7-1 科学领域玩教具框架

序号 \ 分类	自然	科技	探究	……
1	动物分类盒	光影折射变变	神奇绚丽泡泡	……
2	降雨计量瓶	光影动物盒	水油分离瓶	……
3	植物测量器	水雾魔瓶	奇妙熔岩灯	……
4	植物标本制作收集册	自然声音模拟器	蔬菜宝宝穿新衣	……
5	自然观测器	3D 镜面反射	消失的细菌	……
6	食物大冒险	电磁飞船	齿轮色盘	……
7	呼吸的肺	……	物品分离罐	……
8	……	……	……	……

四、科学领域经典玩教具实例

案例一 光影动物盒

1. 设计分析

在生活中，幼儿喜欢与影子游戏，光源照在不同的物体上会呈现出不同的影子，这一现象深深地吸引着幼儿。幼儿似乎对影子有天然的强烈兴趣，他们会追逐阳光下的物影、人影，玩踩影子游戏，在灯光下摆弄自己的手指，观察自己的手影。好奇心与探究欲望驱使着幼儿研究影子产生的原因，并探究影子与光源、物体之间的关系。在探究过程中，幼儿的专注力、计划性、探究能力等良好的学习品质都会得到发展，这为幼儿未来的学习和生活奠定了坚实的基础。为了进一步激发幼儿探索光影的兴趣，支持幼儿进行更深层次的探究，教师可以利用废旧纸箱、闲置的动物模型、手电筒等材料自制"光影动物盒"玩教具。幼儿可以通过动手、动脑，观察动物的影子形状及位置，找出影子对应的动物模型。在与光影互动的过程中，幼儿能够初步感知"光与影的关系""影子与光源、物体之间的关系""光沿直线传播"等科学原理，积累关于光影的感性知识和前科学经验，进而产生关注生活中各类科学现象的兴趣。

2. 适用年龄

3—4 岁。

3. 材料准备

（1）主要材料：尺寸约 21 厘米 × 18 厘米 × 18 厘米的纸箱、尺寸约 45 厘米 × 25 厘米 × 5 厘米的泡沫板、金色即时贴、白色海绵纸、亮片、丝带、长方体木块、圆木片、闲置的塑胶动物玩具、无纺布（黄色、白色、黑色、红色）等。

（2）辅助工具：铅笔、美工刀、热熔胶枪、美工剪刀、波浪花边剪、直尺、压花机、手电筒等（见图 7-1）。

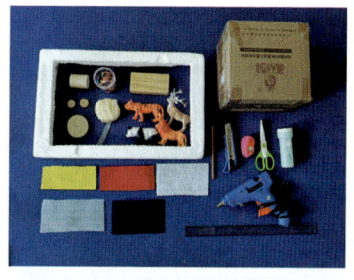

图 7-1　制作材料以及工具

4. 制作方法

（1）取一个废旧纸箱，用铅笔在纸箱正面的中间位置画一个圆，在纸箱背面沿底边画出一个方框，用美工刀沿着线分别把圆和方框的三条边割开（见图 7-2）。

图 7-2　保留方框底边不割

（2）裁剪出与纸箱同等大小的金色即时贴，用即时贴包裹纸箱各个面及长方体木块，再用美工刀刻出纸箱原有的圆和方框部分（见图 7-3）。

图 7-3　投影机制作完成

图 7-4　制作投影屏幕外框

（3）制作投影屏幕外框。用铅笔在泡沫板上画一个大方框,用美工刀沿线刻出大方框的轮廓,并去除中间部分多余的泡沫(见图 7-4)。

图 7-5　白色无纺布固定在方框上

（4）裁剪与泡沫方框同等大小的白色无纺布,用热熔胶枪将无纺布固定在方框上,简易投影屏幕制作完成(见图 7-5)。

图 7-6　装饰投影屏幕

（5）装饰投影屏幕。将红色、黄色无纺布裁剪成同等大小的檐幕,粘贴在幕布的上方,再裁剪两张同等大小的白色海绵纸,用丝带捆绑好海绵纸,将其用热熔胶枪固定在投影屏幕上。最后将亮片以及压花机压出的花瓣装饰在幕布上(见图 7-6)。

图 7-7　动物影子与实物

（6）使用热熔胶枪将闲置的塑胶动物玩具固定在圆木片上,使之立起来。根据动物形态,用黑色无纺布剪出动物的影子(见图 7-7)。

（7）完整制作好的"光影动物盒"玩教具（见图7-8）。

图7-8　制作完成的玩教具

5. 玩法介绍

（1）玩法一：幼儿A取出投影屏幕与投影机，将其对应摆放好，把一种动物模型摆放到投影机盒内的方块上，将手电筒放置到投影机圆孔处，打开电源，将光源对准动物模型。幼儿B根据投影屏幕上的动物影子猜动物。两名幼儿可轮流交换角色，进行比赛（见图7-9）。

图7-9　游戏中的幼儿

（2）玩法二：通过投影观察、判断、分析、比较影子轮廓后，选取出与动物模型相对应的剪影，也可以只投影动物身体的某个部分，通过观察来猜动物，可由1~2名幼儿游戏。

（3）玩法三：陆续摆放多个动物模型，调整位置，根据投影内容讲故事，可由1~2名幼儿游戏。

（4）玩法四：前后移动手电筒的位置，或者调整动物模型的位置，观察动物影子的变化，可由1~2名幼儿游戏。

6. 注意事项

（1）开展这一游戏的场地需要没有光线，或者光线相对昏暗，这样光源照出的影子才会清晰。

（2）投影屏幕应选择颜色透亮、防潮的材料，这样的材料可以保证光影投射在屏幕上时清晰地透出动物的影子，而且比较耐用。

（3）手电筒要随时保持电量充足，确保幼儿在玩的过程中能够正常使用。

（4）动物影子必须对照原版的动物模型画出同样的轮廓，让幼儿在玩的过程中感知一一对应的关系，避免出错。

7. 其他制作

（1）可以收集更多的动物模型，让幼儿有更多的选择以及持续游戏的兴趣。

（2）除了选择动物模型，也可以增添其他的模型（如人偶类、食物类、生活用品类模型等）。

（3）在条件有限的情况下，可以用白墙代替投影屏幕。

案例二　物品分离罐

1. 设计分析

《指南》中指出：幼儿要"能感知和区分物体的大小、多少、高矮长短等量方面的特点，并能用相应的词表示"。现实生活中的物品丰富多样，大小不一，形状各异，幼儿常常会不自觉地对身边的各种物品进行大小比较。为了更直观、更形象地让幼儿感知物体的"大"与"小"，初步地认识到"大"和"小"是一组相对的概念。教师可以选择生活中常见的装坚果等零食的透明塑料罐和芝麻、绿豆、黑豆、龙眼核等物品制作"物品分离罐"玩教具。这一玩教具的制作过程较为简单，教师可以选取三个透明塑料罐，用电钻在塑料罐上打大小不同的孔，之后将切口和孔口打磨平整和光滑。在操作"物品分离罐"玩教具时，幼儿能直观地观察物品分离的过程，直观地感知物品大小以及物品大小与过滤筛孔大小之间的对应关系，初步认识到大小的相对性。

2. 适用年龄

3—4岁。

3. 材料准备

（1）主要材料：四个透明塑料罐、四种大小不一的近圆形物品（如芝麻、绿豆、黑豆、龙眼核等）。

（2）辅助工具：刻刀、电钻、锉刀、记号笔、热熔胶枪等（见图7-10）。

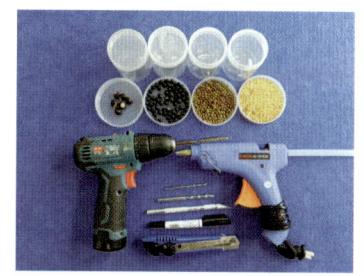

图 7-10　制作材料以及工具

4. 制作方法

（1）取透明塑料罐，用电钻分别在三个透明塑料罐的盖子上钻出与芝麻、绿豆、黑豆大小一致的孔，做成物品分离的过滤筛（见图7-11）。

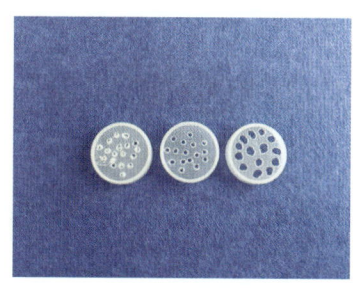

图 7-11　物品分离的过滤筛

（2）用记号笔在三个透明塑料罐的罐底标记要切除的部分，然后用刻刀沿着标记切割，去掉透明塑料罐的底部（见图7-12）。

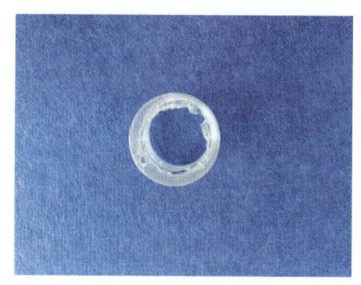

图 7-12　切割后的罐身

（3）用锉刀打磨过滤筛的孔口和透明塑料罐底的切口（见图7-13）。

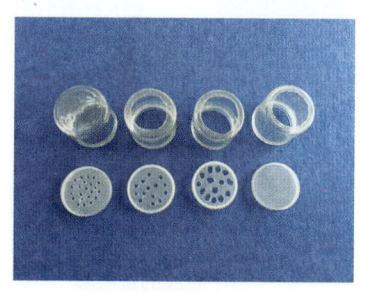

图 7-13　打磨后

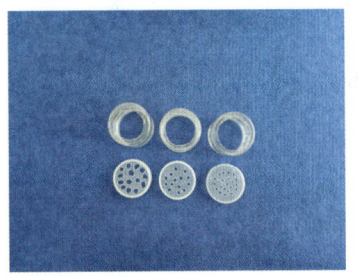

图 7-14 对应摆放

（4）将打磨好的所有罐身与过滤筛一一对应摆放，从右到左分别是：切割罐身与芝麻孔过滤筛、切割罐身与绿豆孔过滤筛、切割罐身与黑豆孔过滤筛（见图 7-14）。

图 7-15 依次组合罐子

（5）用热熔胶枪将切割好的罐身、过滤筛和完整的透明塑料罐进行组合（见图 7-15）。

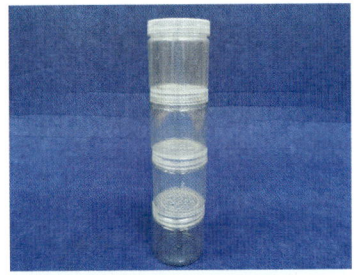

图 7-16 组合完成的罐子

（6）组合完成后（见图 7-16），将芝麻、绿豆、黑豆和龙眼核四种物品进行混合，倒入最上层的透明塑料罐。

图 7-17 制作完成的玩教具

（7）完整制作并操作后的"物品分离罐"玩教具（见图 7-17）。

5. 玩法介绍

将混合物品倒入"物品分离罐"玩教具最上面的透明塑料罐里，拧紧透明塑料罐的盖子，摇晃物品分离装置。在摇晃的过程中，观察分离状况，直至全部物品分离开。观察并感知物品大小与过滤筛孔的大小及其对应关系（见图 7-18）。

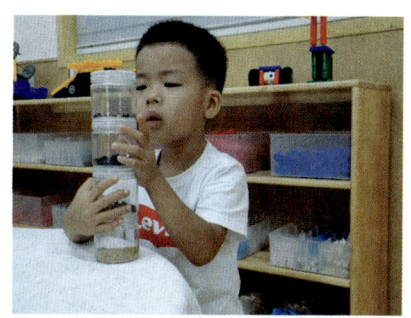

图 7-18　游戏中的幼儿

6. 注意事项

（1）收集的废旧透明塑料罐要清洗、消毒，不宜过大，以便于幼儿操作。

（2）选用的四种实物的大小要适宜且区分明显，形状圆润者最佳。

（3）要注意电钻的使用安全，在使用时要垂直于打孔面。

（4）要安全使用刻刀和锉刀，徐徐用力旋转切割与打磨。

7. 其他制作

（1）可用塑料瓶、透明管等透明物品代替透明塑料罐。

（2）在保证安全的前提下，可考虑多种打孔方式（例如剪刀、被火烧红的铁丝等）。

（3）可为幼儿准备自然界中的沙砾土，对沙砾土进行过筛，分离出石头、贝壳碎片、粗沙、细沙等大小不一的物质。

案例三 齿轮色盘

1. 设计分析

齿轮在自行车、钟表、电梯等物件的运行过程中发挥着重要的作用。在生活中，幼儿对这些物件的运行有着强烈的好奇心，但由于这些物件在设计时为了美观，往往会将齿轮进行隐藏，这就使幼儿难以观察到物件运行的内部机械原理。在制作"齿轮色盘"玩教具时，教师可以利用大量的废旧纸板来制作齿轮，并将其涂上颜色。幼儿可以转动齿轮，看到齿轮之间相互咬合旋转。齿轮转动时的动感会激发幼儿主动观察齿轮转动这一科学现象，探究齿轮运转时的相互作用关系，探究的过程能够丰富幼儿对简单机械运转的理解，促进幼儿继续进行思考，深入研究机械运动等科学现象。

2. 适用年龄

4—5岁。

3. 材料准备

（1）主要材料：尺寸大于30厘米×30厘米×2厘米的废旧纸板若干、小木棍若干（数量与齿轮数量相同）等。

（2）辅助工具：刻刀、电钻、直尺、铅笔、水粉刷、丙烯颜料（红色、绿色、黄色、蓝色）等（见图7-19）。

图 7-19　制作材料以及工具

4. 制作方法

（1）取废旧纸板，用铅笔画出直径各不相同的齿轮，但轮齿、齿槽相同（见图7-20）。

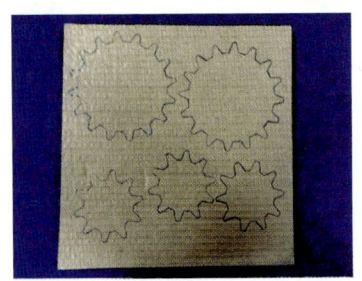

图 7-20　画出齿轮形状

（2）用刻刀依次按照齿轮的边缘形状，刻出每一个完整的齿轮（见图7-21）。

图7-21　刻出若干个齿轮

（3）在齿轮上找到中心点，用电钻钻出与木棍粗细相同的圆形小孔（见图7-22）。

图7-22　在齿轮中心钻孔

（4）取红色、绿色、蓝色、黄色丙烯颜料，用水粉刷均匀地给齿轮涂色（见图7-23）。

图7-23　涂上颜色的齿轮

（5）取厚纸板作为齿轮底板，均匀且有序地在底板上用铅笔标记间距（见图7-24）。

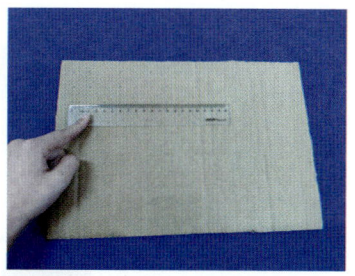

图7-24　在底板上画出间距

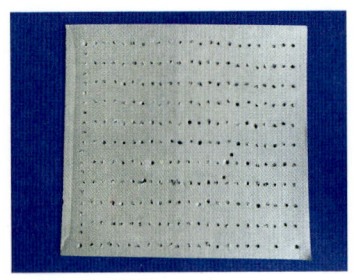

图 7-25　有序钻孔的底板

（6）将标记好的底板用电钻钻出圆形小孔（见图 7-25）。

图 7-26　制作完成的玩教具

（7）完整制作好的"齿轮色盘"玩教具（见图 7-26）。

5. 玩法介绍

（1）玩法一：固定头尾齿轮，将第一个齿轮用木棍固定在底板的左上角，将第二个齿轮固定在底板的右下角，将其他大小不一的齿轮在中间随意拼插，使齿轮相互咬合，让整个齿轮旋转起来。

（2）玩法二：幼儿自由探索玩法，尝试齿轮的连接和运转，将所有齿轮转动起来（见图 7-27）。

图 7-27　游戏中的幼儿

6. 注意事项

（1）收集的废旧纸板应软硬程度相同。

（2）使用刻刀刻出齿轮的形状时，每个齿轮的轮齿、齿槽要相同，使不同的齿轮能够相互咬合。

7. 其他制作

（1）可在齿轮纸板上绘制线条或波点等图案，当旋转齿轮时，幼儿能够更明显地感知到运转方向的变化。

（2）可提供多个底板和多个齿轮，供幼儿探索多种玩法。

案例四 水油分离瓶

1. 设计分析

幼儿对日常生活中的液体有着浓厚的兴趣，他们喜欢摇晃身边盛装液体的器具，感受液体的流动。水是幼儿常见的液体，他们常常喜欢将手放在水龙头下感受水的流动。"水油分离瓶"玩教具由日常生活中常见的透明玻璃瓶、食用油、纯净水制作而成，将幼儿对水的兴趣与水油不相溶的科学知识渗透其中。观察水与油在相互倾倒、摇晃、静止时的三种状态，幼儿能够初步感知和了解水与油不相溶的科学现象，获得液体之间相溶与不相溶的前科学经验。探究水油分离的过程，能够培养幼儿反复实践、不断尝试的科学探究品质。猜测、尝试、验证、记录的过程，能够使幼儿在做中学、做中思、做中得，初步掌握科学探究的方法和过程。"水油分离瓶"玩教具选用透明的玻璃瓶，能够使幼儿更清楚地观察水油分离现象。玻璃瓶美观精致，能够吸引幼儿游戏的兴趣，此外，它作为生活中的常见材料，可以节省教师制作的成本及收集材料的时间。

2. 适用年龄

4—5岁。

3. 材料准备

（1）主要材料：食用油、两个带木塞的玻璃瓶、纯净水、油溶性色素、水溶性色素等。

图 7-28　制作材料以及工具

（2）辅助工具：搅拌棒、滴管等（见图 7-28）。

图 7-29　倒入纯净水

4. 制作方法

（1）将纯净水缓慢倒入两个空玻璃瓶中，水至瓶身的 2/3 处即可（图 7-29）。

图 7-30　轻缓倒入食用油

（2）将食用油轻缓倒入其中的一个玻璃瓶中，至玻璃瓶的瓶颈处（图 7-30）。

图 7-31　无色水油分离瓶

（3）将木塞盖紧，完成第一个无色水油分离瓶的制作（见图 7-31）。

（4）取出有明显色差的水溶性色素和油溶性色素（图7-32）。

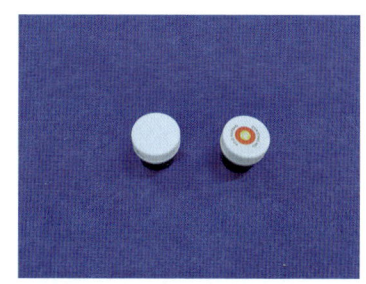

图 7-32　水溶性和油溶性色素

（5）先在水中稀释色素，用滴管吸入水溶性色素，滴入另一个玻璃瓶中，用搅拌棒轻轻搅拌（见图7-33）。

图 7-33　滴入水溶性色素

（6）以同样的方法用滴管滴入油溶性色素，再用搅拌棒轻轻搅拌（见图7-34）。

图 7-34　滴入油溶性色素

（7）完整制作好的"有色水油分离瓶"和"无色水油分离瓶"（见图7-35）。

图 7-35　制作完成的玩教具

5. 玩法介绍

（1）玩法一：在玩水油分离瓶时，充分摇晃瓶身，使油水颜色混合后再静置，观察两个水油分离瓶内液体颜色的变化情况。

（2）玩法二：打开未添加色素的水油分离瓶，可依次添加水溶性色素或油溶性色素，用搅拌棒搅拌，观察并对比水油分离瓶的颜色变化情况。

（3）玩法三：合作游戏——幼儿 A 说出自己的猜想并记录，幼儿 B 动手操作，共同感受、探讨水油分离瓶倒置、摇晃、静置时的液体颜色、形态的变化（见图 7-36）。

图 7-36　游戏中的幼儿

6. 注意事项

（1）收集的废旧玻璃瓶必须完整、无破裂，以免造成安全隐患；收集的瓶子应清洗、消毒，保证瓶子的安全和卫生。

（2）在选择色素时，需要选择两种有明显色差的色素，这样才能更清楚地观察玻璃瓶内部的变化情况。

（3）在注入食用油时，注意要缓慢倒入，否则食用油可能会流到玻璃瓶的外面，手拿着时容易打滑。

7. 其他制作

（1）可以用塑料瓶、透明的亚克力瓶制作不同颜色和形状的水油分离瓶。

（2）在条件有限的情况下，可以用水溶性颜料和油溶性颜料代替色素。

（3）为了减少步骤，可以制作水油烟花，把多种颜色的色素滴在油中，然后倒入水中，静置观察。

案例五　熊猫礼炮

1. 设计分析

在节日与节庆时，五彩缤纷的礼炮、礼花吸引着幼儿的目光，他们兴奋地追逐、跳跃、抓取着飘落的礼炮碎片。在制作"熊猫礼炮"玩教具时，教师利用生活中常见的纸巾筒和气球，结合幼儿的生活经验，以"放礼炮"的游戏方式来激发幼儿参与游戏、探索玩教具的热情。幼儿在游戏中动手操作，感知气球的弹力，体验不同玩法的乐趣，激发对生活现象的好奇心，养成善于观察与思考的良好习惯。

2. 适用年龄

4—5岁。

3. 材料准备

（1）主要材料：气球、纸巾筒、白色卡纸、彩纸等。

（2）辅助工具：剪刀、刻刀、马克笔、双面胶等（见图7-37）。

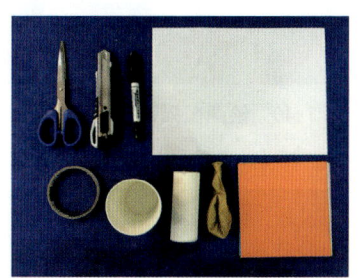

图7-37　制作材料以及工具

4. 制作方法

（1）制作熊猫头饰。取出白色卡纸和马克笔，绘画熊猫头，用刻刀将熊猫的嘴巴镂空，沿边线将熊猫头剪下（见图7-38）。

图7-38　制作熊猫头饰

图 7-39　黏合固定熊猫头饰

（2）取出双面胶和纸巾筒，将熊猫头饰粘在纸巾筒上（见图 7-39）。

图 7-40　绘画熊猫四肢

（3）取出马克笔，在纸巾筒上绘画熊猫的四肢（见图 7-40）。

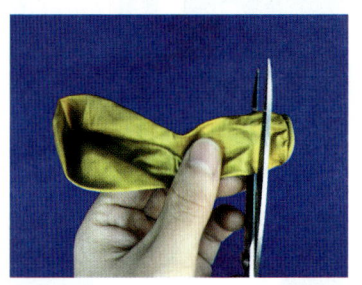

图 7-41　剪裁气球

（4）取出气球，用剪刀在距离气球口 2~3 厘米处剪开气球（见图 7-41）。

图 7-42　黏合固定气球

（5）用双面胶将剪开的气球与纸巾筒的底部黏合（见图 7-42）。

第七章 科学领域玩教具设计与制作 / 193

（6）取出彩纸和纸杯，用剪刀将彩纸剪碎（见图7-43）。

图7-43 剪碎彩纸

（7）完整制作好的"熊猫礼炮"玩教具（见图7-44）。

图7-44 制作完成的玩教具

5. 玩法介绍

幼儿取出"熊猫礼炮"，将纸杯中的彩色碎纸从熊猫嘴巴放入纸巾筒，拉动气球发射礼炮（见图7-45）。

图7-45 游戏中的幼儿

6. 注意事项

熊猫嘴巴的弧度应与纸巾筒的弧度吻合，以保证彩色碎纸有最大的空间向外发射；在黏合气球与纸巾筒时，应尽可能让气球口与纸巾筒的口径相同，以保证更多的彩色碎纸落入气球并被发射。

7. 其他制作

（1）熊猫可以变换为任意动物或幼儿喜欢的角色，以增加幼儿对玩教具的兴趣。

（2）在条件有限的情况下，可以用一次性纸杯、即时贴纸筒等代替纸巾筒。

案例六 磁力幻影瓶

1. 设计分析

幼儿对不同事物有着强烈的探索欲望、对科学实验也充满着兴趣，幼儿的好奇心使他们能发现自然中的有趣现象。在制作"磁力幻影瓶"玩教具时，教师利用生活中常见的酒瓶和暖宝宝，结合幼儿的生活经验，融合科学和艺术，以变换形状和影像的游戏方式吸引幼儿参与游戏、探索玩教具。幼儿在游戏中能够感知和探究磁铁吸铁粉的现象，提高动手操作能力，通过尝试运用不同形状的磁铁进行游戏，提高判断、比较、想象的思维能力。

2. 适用年龄

5—6岁。

3. 材料准备

（1）主要材料：厚度为2~3厘米的废旧酒瓶、色素、废旧暖宝宝、多种磁铁等。

（2）辅助工具：马克笔、吸管、剪刀、玻璃罐等（见图7-46）。

图7-46 制作材料以及工具

4. 制作方法

（1）撕掉酒瓶的标签，对酒瓶进行清洗和消毒，保证酒瓶表面干净（见图7-47）。

图 7-47　清洗酒瓶

（2）将用过的暖宝宝分成3份（见图7-48）。

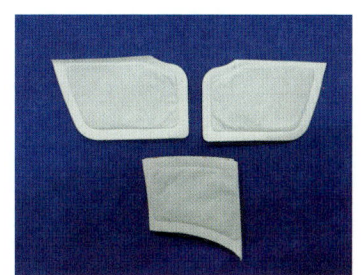

图 7-48　废旧暖宝宝

（3）剪开暖宝宝，压碎里面结块的部分，用磁铁吸出铁粉后，将铁粉放入酒瓶（见图7-49）。

图 7-49　装着铁粉的酒瓶

（4）往酒瓶中倒入清水，用吸管搅拌，静置约1分钟后，将瓶中的浑水倒掉，重复过滤5~6次，直至瓶子内的水变清（见图7-50）。

图 7-50　清水过滤铁粉杂质

图 7-51　三种颜色的水

（5）用色素勾兑三种不同颜色的水，分别倒入三个瓶子中（见图 7-51）。

图 7-52　马克笔装饰瓶身

（6）用马克笔在三个瓶子的瓶身处进行绘画装饰，使瓶身更富有情景性（见图 7-52）。

图 7-53　制作完成的玩教具

（7）搭配多种形状的磁铁，完整制作好"磁力幻影瓶"玩教具（见图 7-53）。

5. 玩法介绍

（1）玩法一：幼儿手持磁铁，隔着瓶子塑造各种各样的形状和影像，铁粉会随着手中的磁铁而变化，幼儿观察用不同形状的磁铁在瓶身上吸附铁粉时有何区别（见图 7-54）。

图 7-54 游戏中的幼儿

（2）玩法二：幼儿通过瓶身的画面，开展具有情景性的游戏，如用磁铁吸附铁粉来营造落叶或山脉等有趣味性的画面。

6. 注意事项

（1）应选择密封性强的瓶子，以免铁粉等有害物质不慎溢出，要保证玩教具的安全性。

（2）应选择表面平整的瓶子，这样的材料有助于磁铁吸附瓶内的铁粉，更有利于玩教具的操作。

7. 其他制作

可由幼儿发挥想象，自主绘制瓶身上的画面，创造出多种"磁铁"玩法，增加玩教具的趣味性和幼儿持续游戏的兴趣。

案例七 自制饮水机

1. 设计分析

水是我们的生命源泉，人体的大部分都是水构成的，我们需要不断地喝水补充能量。随着工业技术的发展和生活质量的提高，各种各样的饮水机出现在我们的生活中。在幼儿园中，幼儿在喝水时往往会用到饮水机。教师可以利用生活中常见的废旧纸杯和水瓶来制作饮水机。通过操作，幼儿能够初步感知压强和重力的关系，激发发现和探索生活现象的兴趣，培养独立思考的能力。

198 / 幼儿园玩教具设计与制作

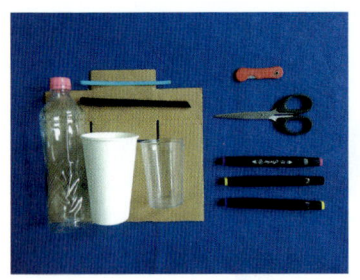

图 7-55　制作材料以及工具

2. 适用年龄

5—6 岁。

3. 材料准备

（1）主要材料：废旧瓶子、纸杯、塑料杯、吸管、硬纸板、纸条等。

（2）辅助工具：画笔、小刀、美工剪刀等（见图 7-55）。

图 7-56　在瓶身上打孔

4. 制作方法

（1）制作饮水机的瓶身。取一个废旧空瓶，在瓶身下方打一个孔（见图 7-56）。

图 7-57　纸杯上剪一条缝

（2）取出纸杯，用剪刀沿着纸杯上方剪一条缝隙（见图 7-57）。

图 7-58　剪一段吸管

（3）取出吸管，用剪刀剪一小段备用（见图 7-58）。

(4)取空瓶和纸杯,将空瓶放置于纸杯内,将吸管插进去,饮水机的基本框架制作完成(见图7-59)。

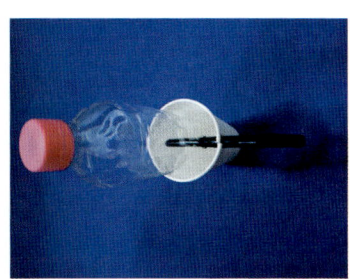

图7-59 基本框架组成

(5)制作饮水机的外观造型。取硬纸板,用剪刀裁剪出合适的尺寸,进行黏合固定,并用彩色笔绘画图案装饰(见图7-60)。

图7-60 纸板制作造型

(6)将饮水机注入水。用一只手堵住吸管口,另一只手将杯中的水注入瓶中,并将瓶盖拧紧(见图7-61)。

图7-61 给饮水机注入水

(7)完整制作好的"自制饮水机"玩教具(见图7-62)。

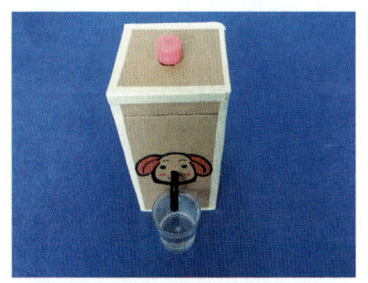

图7-62 制作完成的玩教具

5. 玩法介绍

（1）玩法一：将水杯放置在吸管的正下方，将瓶盖轻轻拧开，水就会自动流到水杯中，幼儿可以感受重力与压强的关系（见图7-63）。

图7-63　游戏中的幼儿

（2）玩法二：将制作好的饮水机投放到班级的角色区，在该区域中为幼儿准备桌子，幼儿可以贩卖饮料，进行角色扮演。

6. 注意事项

（1）收集的废旧水瓶、纸杯要经过消毒，要注意在钻孔的过程中避免小刀划伤手。

（2）选用的废旧水瓶的容量要大一些，这样实验的次数可以增多。

7. 其他制作

利用压强和重力的原理制作潜水艇。

 本章小结

幼儿的科学学习是在探究具体事物和解决实际问题中进行的，因此科学领域玩教具需要为幼儿的科学学习提供条件。本章中陈述了科学领域的内涵以及目标，以"自然""科技""探究"三个主要维度来设计和制作玩教具。我们可以看出，除了掌握科学知识与技能外，掌握科学探究精神也具有现实意义，并且逐渐被社会各界强调和重视。在科学领域的学习与发展，不仅能够使幼儿获得受益终身的学习品质，也将在不远的未来推动社会的发展与进步。

本章思考

1. 教师独自或以小组为单位，选择"自然""科技""探究"中的一方面，设计并制作一份玩教具，写出制作方案。

2. 诊断和分析班级内现有的科学领域玩教具的"探究性"，支持幼儿进行自主探究以及可探究的程度，尝试优化一份玩教具。

第八章

数学领域玩教具设计与制作

📖 本章导读

在科学领域中的数学认知方面,《指南》中提出了"感知和理解数、量及数量关系""感知形状与空间关系""初步感知生活中数学的有用和有趣"等目标。相较而言,教师容易制作丰富幼儿数学知识与提升幼儿数学能力的玩教具,而如何设计和制作帮助幼儿在生活中运用数学以及将数学与生活有效结合的玩教具是教师的困惑所在。

当教师在教研会议上提出了自己的困惑后,教研会议的研讨重点转移到:想一想自己在生活中的哪些地方可以用到数学?当用到数学时,需要掌握哪些数学基础知识?随着问题的抛出,教师们纷纷说出自己在生活中运用数学的方方面面。接着主持人又引导教师思考:哪些生活场景可借助于玩教具进行呈现,供幼儿在活动中探索与研究?随着问题的一步步深入,教师们想出了许多与数学运用相结合的玩教具……

数学主要研究的是数与形的科学，有着抽象、精确、应用广泛三种特性。数学的应用广泛，任何学科的探索与发明都需要运用数学方法或数学原理。数学是一门培养和锻炼人的思维能力的基础学科，被人们形象地称为人类思维的"体操"。因此，幼儿的数学教育是幼儿教育内容中不可缺少的组成部分，是促进幼儿全面发展的重要领域之一。

在设计数学领域玩教具时，我们主要围绕数理和逻辑两方面进行，可以细分为分类和排序、量的认知、图形认知等。数学学习是具有系统性和内在逻辑性的，但更重要的是富有生活性，与幼儿的生活紧密连接，是幼儿所熟悉的、能理解的。通过动手操作玩教具，解决生活中的实际问题，幼儿能够对数学产生兴趣。"摇珠子"玩教具就是基于幼儿分水果、分玩具等生活经验而产生的，能够提升幼儿解决问题的能力，同时使他们收获数学学习的有效经验。

一、数学领域内涵

幼儿在数学领域的学习对他们的思维发展有重要价值。在建构初级数学概念的过程中，操作数学领域玩教具是促进幼儿观察力、注意力、记忆力、想象力以及思维能力发展的重要途径。幼儿通过活动、与材料的相互作用来发现和建构数学关系，幼儿在学习数学时重要的是依靠自己的经验，而不是教师的经验。

数学对幼儿来说是一种"工具"，是解决幼儿在实际生活中所遇问题的工具。教师在引导幼儿学习数学时，应注重数学知识的内在联系和幼儿的身心发展特点，在解决问题的过程中，应考虑幼儿的观察能力、思维能力的要求，以及幼儿完成活动时的动作技能要求，为幼儿的长期发展打好基础。

二、数学领域目标

（一）总目标

（1）对周围环境中事物的数量及关系产生兴趣，通过对量的感知，理解量与序的关系。

（2）对周围环境中的物体形状产生好奇，尝试运用几何体进行拼搭。

（3）运用科学的方法对事物进行分析、比较、类推、分类等。

（4）形成一些初级的数学概念，并有初步解决数学问题的能力。

（二）分类目标

1. 分类和排序

（1）观察物体的外形特征、数量，对其分类。

（2）感知物体的大小、长短，进行比较。

（3）感知数与形的变化，进行排序。

2. 量的认知

（1）认识10以内的数，感知数与量的关系。

（2）运用观察、比较、分析等方法，进行数的学习及简单的加减运算。

（3）通过多个相同物体对周围环境进行自然测量，感受量的守恒。

3. 图形认知

（1）观察和比较几何图形之间的共同特征，区分不同图形的外形特征差异。

（2）操作等分实物或图形，感知整体与部分之间的关系。

（3）感知图形的空间变化，提升幼儿的观察能力。

三、数学领域玩教具框架

数学领域玩教具框架见表8-1。

表 8-1　数学领域玩教具框架

序号＼分类	分类和排序	量的认知	图形认知	……
1	分果果	喂养小动物	图形找家	……
2	接龙比一比	点数瓶盖乐	透光立方体	……
3	小猪排队	花儿数与量	认识图形与颜色	……
4	动物园巴士到站啦	数字甜筒	图形重叠盒	……
5	数字棋	摇珠子	镜面图形	……
6	……	小兔数学盒	神奇婆婆四面拼图	……
7	……	桌球减法	保利龙球拼搭	……
8	……	牛奶盒测量	……	……

四、数学领域经典玩教具实例

案例一　图形找家

1. 设计分析

《指南》中指出：3—4 岁幼儿"能感知物体基本的空间位置与方位，理解上下、前后、里外等方位词""能注意物体较明显的形状特征"。幼儿对感兴趣的事物能仔细观察，发现其明显特征，能用多种感官或动作去探索物体，关注动作所产生的结果。为了培养幼儿对形状和空间的感知能力，促进幼儿的观察能力和基础逻辑思维能力的发展，使幼儿进一步理解局部和整体的关系，教师可以选择生活中常见的废旧鞋盒盖制作"图形找家"玩教具。该玩教具的制作过程简单，制作材料易得，教师可以在废旧鞋盒盖内绘画出不同形状的图形，用彩色笔对图形上色，最后选择适当的位置，用刻刀刻下 4 个大小一样的正方形拼图卡片。在操作玩教具的过程中，幼儿可以通过观察拼图卡片上的色彩、形状与整个拼图图形之间的关系，帮助拼图卡片找到自己的"家"。整个游戏过程具有趣味性和目的性，能够激发幼儿观察和游戏的兴趣。

2. 适用年龄

3—4岁。

3. 材料准备

（1）主要材料：废旧鞋盒盖等制作材料。

（2）辅助工具：记号笔、彩色笔、刻刀、尺子等工具（见图8-1）。

图 8-1　制作材料以及工具

4. 制作方法

（1）取出废旧鞋盒盖，用尺子和记号笔在盒子内设计出多种图形（见图8-2）。

图 8-2　尺子辅助绘出图形

（2）绘画时注意图形分布均匀，直至铺满整个盒盖（图8-3）。

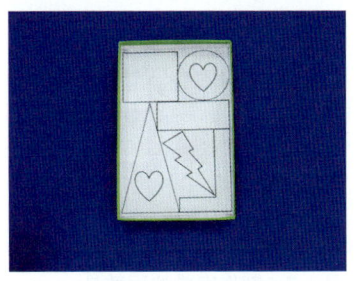

图 8-3　图形绘满整个底部

（3）使用彩色笔对每个图形逐一上色，直至全部图形上色完成（见图8-4）。

图 8-4　全部图形上色完成

图 8-5　测量位置绘制正方形

（4）找到适宜的位置，使用尺子与记号笔绘出四块大小相同的正方形（见图 8-5）。

图 8-6　逐一刻下正方形

（5）使用刻刀逐一刻下正方形（见图 8-6）。

图 8-7　制作完成的玩教具

（6）完整制作好的"图形找家"玩教具（见图 8-7）。

5. 玩法介绍

（1）玩法一：把所有的正方形图形块混在一起，随机拿一块图形块进行拼图，找到盒盖中对应的图形，把图形块放在对应的位置上，直到所有的图形块都找到正确的位置（见图 8-8）。

图 8-8 游戏中的幼儿

（2）玩法二：两名幼儿各拿一个图形块，同时开始游戏，先找到图形块所在位置的幼儿获得胜利。

6. 注意事项

（1）废旧盒盖应有一定的硬度，以提高材料的利用率。

（2）废旧盒盖在加工前应做好清洁和消毒工作，保证玩教具的安全卫生。

（3）图形块必须与盒盖上的图案完美结合，让幼儿在操作过程中感知一一对应。

7. 其他制作

（1）废旧盒盖可以替换成立体的图形，制作成立体拼图，提升趣味性，激发幼儿的抽象思维。

（2）可以适时增加难度，制作多边形（如平行四边形、五边形、六边形等）拼图供幼儿选择，让幼儿有更多的选择性以及持续游戏的兴趣。

（3）可制作大小不一的图形块，提高玩教具的难度。

案例二 蝴蝶采花

1. 设计分析

蝴蝶采花是幼儿在生活中比较常见的情景。不同花纹和颜色的蝴蝶穿梭于花丛中采花蜜，能够引起幼儿对大自然的好奇心。大自然中有各种各样奇妙的天然花纹、图案和纹理，其中不少蕴含着对称、旋转、连续等"数学之美"。教师可以利用纸张和吹吹卷来自制"蝴蝶采花"玩教具。在蝴蝶采花的情境中,幼儿能够感知、分辨生活中常见的各种形状,激起探索的欲望,培养观察能力、思维能力和创造力。

2. 适用年龄

3—4岁。

图8-9 制作材料以及工具

3. 材料准备

(1)主要材料:吹吹卷、印有4种形状的蝴蝶和花朵图案、彩色卡纸。

(2)辅助工具:胶水、铅笔、剪刀、美工刀(见图8-9)。

图8-10 蝴蝶与花朵的图案

4. 制作方法

(1)用计算机绘制并打印4只蝴蝶、16朵花朵。4只蝴蝶身上的花纹分别是三角形、圆形、五角星形和心形。16朵花分为4类,每一类对应1只蝴蝶的花纹(见图8-10)。

图8-11 剪蝴蝶轮廓过胶

(2)将花朵和蝴蝶图案沿边缘剪下,使用胶水将图案粘在相应颜色的卡纸上,沿边缘剪下后过胶(见图8-11)。

（3）在花朵图案下方的 1/3 和 2/3 处剪两条约 2 厘米的缺口（见图 8-12）。

图 8-12　剪两条缺口

（4）将两条缺口形成的长方形往后掰，使花朵能立起（见图 8-13）。

图 8-13　立起的花朵

（5）在蝴蝶的口器位置描出吸管的截面大小，用美工刀刻出小洞（见图 8-14）。

图 8-14　描吸管截面

（6）将吹吹卷穿过刻好的小洞（见图 8-15）。

图 8-15　吹吹卷穿过小洞

（7）完整制作好的蝴蝶吹吹卷（见图8-16）。

图8-16　制作完成的玩教具

5. 玩法介绍

（1）玩法一：幼儿将所有的花朵散放在桌面上并立起，选一支蝴蝶吹吹卷，呼气将卷轴吹出，吹倒对应蝴蝶花纹的花朵，然后取另一支蝴蝶吹吹卷，重复上述步骤，直至将所有的花朵吹倒。

（2）玩法二：幼儿A与幼儿B各选两支蝴蝶吹吹卷，同时开始蝴蝶采花的游戏，先将对应两种蝴蝶花纹的花朵吹倒者为胜（见图8-17）。

图8-17　游戏中的幼儿

6. 注意事项

（1）应根据吸管的大小，在蝴蝶的口器处刻出同样大小的洞，使吹吹卷能穿过蝴蝶口器，又不滑出。

（2）蝴蝶与花朵的花纹形状、大小和数量，可根据实际情况进行调整。

7. 其他制作

（1）可将"蝴蝶采花"玩教具改为认识数量、数字、颜色等。

（2）可将"蝴蝶采花"情境改为蜜蜂采蜜、大象觅食等。

案例三 小鸭子吃虫子

1. 设计分析

嘎嘎嘎,谁来了?原来是小鸭子啊!小鸭子有圆圆的脑袋、椭圆的身体、扁扁的嘴巴,在池塘里游来游去真可爱!小鸭子爱吃小虫子……鸭子是幼儿熟悉的小动物,教师可以根据幼儿具体形象性的思维特点,制作"小鸭子吃虫子"玩教具,将情境性融入幼儿的数学学习中。在游戏中,可爱的小鸭子会游到对岸吃虫子,能够充分激发和调动幼儿运用多种感官来探索数学的兴趣。幼儿在游戏中能够实际动手操作和感知数字"1、2、3"的数形并理解数物对应的关系,逐步提高对数字的敏感度,同时促进逻辑思维和推理能力的发展。

2. 适用年龄

4—5岁。

3. 材料准备

(1)主要材料:有高度和硬度的废旧纸盒、丙烯颜料(白色、绿色、黄色、蓝色)、超轻黏土(黄色、黑色、橙色)、3个直径为2厘米的圆形木片、3个废旧的黄色笔盖等。

(2)辅助工具:铅笔、记号笔、刻刀、水粉刷、热熔胶枪等(见图8-18)。

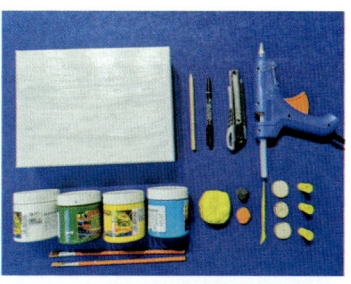

图8-18 制作材料以及工具

4. 制作方法

(1)取出废旧纸盒,用记号笔在纸盒的中间区域写数字"1""2""3"(见图8-19)。

图8-19 用记号笔写数字

图 8-20　用刻刀镂空数字

（2）用刻刀将纸盒上的数字"1""2""3"进行镂空（见图 8-20）。

图 8-21　绘画场景图

（3）取丙烯颜料（白色、绿色、黄色、蓝色），绘画小池塘和周边环境，在数字"1、2、3"的上方画小鸭子的房子，下方画与数字相对应的"小虫子"（见图 8-21）。

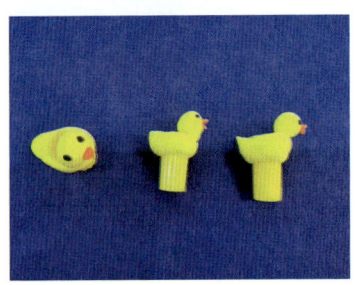

图 8-22　制作带笔盖的小鸭子

（4）制作 3 只小黄鸭。取出不同颜色的超轻黏土，用黄色黏土搓出圆圆的脑袋，用黑色黏土做小鸭子的眼睛，用橙色黏土做扁扁的嘴巴，在制作小鸭子的嘴巴时可用黏土工具进行按压和调整。小鸭子制作好后在肚子下粘废旧黄色笔盖（见图 8-22）。

图 8-23　在木片上挤压热熔胶

（5）取出 3 个直径为 2 厘米的圆形木片，在木片上挤压热熔胶（见图 8-23）。

(6)将木片和笔盖进行黏合固定,完成小鸭子的可移动装置(见图8-24)。

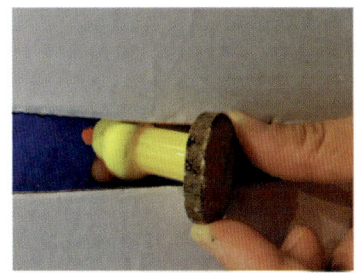

图8-24 完成可移动装置

(7)完整制作好的"小鸭子吃虫子"玩教具(见图8-25)。

图8-25 制作完成的玩教具

5. 玩法介绍

幼儿将食指放在小鸭子的身体上(笔盖凹进去的位置),用食指控制小鸭子的身体,根据数形从上至下、从左至右滑动,感知数字"1、2、3"。幼儿在滑动的过程中,根据情境性的场景,可以自行进行语言表述,如:"1号小鸭子,游呀游,看见1条小虫子,啊呜""2号小鸭子,游呀游,看见2条小虫子,啊呜、啊呜""3号小鸭子,游呀游,看见3条小虫子,啊呜、啊呜、啊呜"(见图8-26)。

图8-26 游戏中的幼儿

6. 注意事项

（1）纸盒应有一定的高度和硬度，有高度的纸盒有利于安装可移动装置后，有一定的空间可以供鸭子顺畅地移动，有硬度的纸盒可以保证幼儿在玩的过程中，玩教具保持完整性与耐用性。

（2）连接的材料应尽量选择幼儿食指可以捏住的笔盖，这样有利于幼儿很好地用手指的力量来控制移动，既能够增加玩教具的趣味性，又能够锻炼幼儿手指的灵活性，达到对前书写技能的练习。

7. 其他制作

（1）可以增加数字"4、5、6……"，营造新的情境性场景，更好地激发幼儿持续游戏的兴趣。

（2）可以找一个更大的纸盒，制作数与物对应的走迷宫游戏。

案例四 我多你少

1. 设计分析

日常生活为幼儿的主动学习提供了很多契机，生活中蕴含着最广泛的教育资源。幼儿会对生活中常出现的数量、概念、空间感兴趣，常常会比较不同物体之间的关系，对数学产生浓厚的好奇心。幼儿可以运用已有的数数经验进行游戏，理解和比较数字"多"或"少"的概念，尝试用简单的方法来解决生活中的简单问题。通过与同伴互动游戏的方式，幼儿会提高对数学的学习热情，并乐意观察、操作、探索，从而有效地获取数学知识和经验。

2. 适用年龄

4—5岁。

3. 材料准备

（1）主要材料：5个小圆木片、超轻黏土（蓝色、粉色）、废旧纸盒（2个正方体和1个长方体）、米黄色即时贴、2个嘴巴的卡通图片、圆形纸筒（内径为1.5厘米和2厘米）等。

（2）辅助工具：刻刀、热熔胶枪、直尺等（见图8-27）。

图8-27　制作材料以及工具

4. 制作方法

（1）取内径为1.5厘米的圆形纸筒，用刻刀将圆形纸筒对半裁好（见图8-28）。

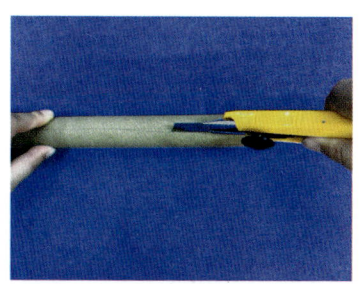

图8-28　对半裁出纸筒

（2）取米黄色即时贴，包装正方体纸盒（见图8-29）。

图8-29　包装正方体纸盒

（3）取小圆木片，分别写上数字"1、2、3、4、5"（见图8-30）。

图8-30　写出数字1~5

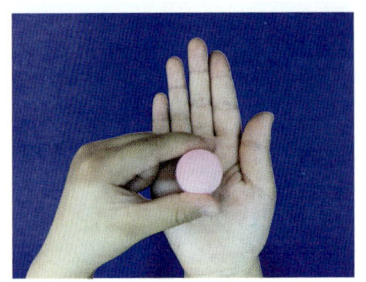

图 8-31　搓圆形小球

（4）取粉色、蓝色的超轻黏土，分别搓出 10 个相同大小的圆形小球（见图 8-31）。

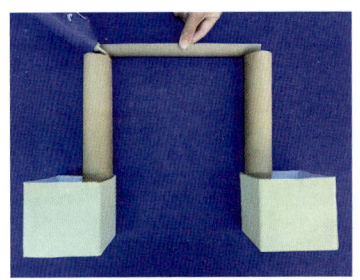

图 8-32　黏合纸筒

（5）取热熔胶枪，将直径为 2 厘米的圆形纸筒与对半裁好的纸筒、正方体纸盒进行黏合（见图 8-32）。

图 8-33　黏合嘴巴图片

（6）取嘴巴图片，将嘴巴图片修剪好并粘贴在纸筒的左右两边（见图 8-33）。

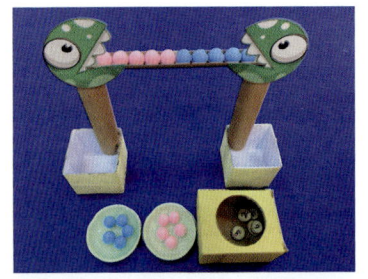

图 8-34　制作完成的玩教具

（7）完整制作好的玩教具（见图 8-34）。

5. 玩法介绍

取出蓝色、粉色小球各 5 颗，将它们摆放在对半裁好的纸筒上方，幼儿抽数字开始进行游戏，放入对应数字的小球，将对方的球推进圆形纸筒里，依此类推，待对方的球全部掉进盒子里即可获胜（见图 8-35）。

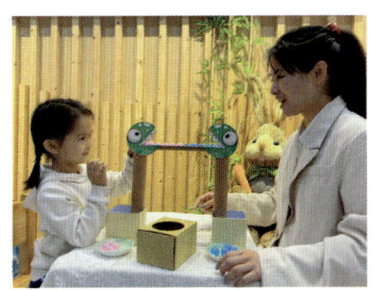

图 8-35　游戏中的幼儿

6. 注意事项

（1）两个正方体纸盒的大小要相同。

（2）在对半裁圆形纸筒时，尽量要直，并且保证黏土球能够放在对半裁的纸筒上。

7. 其他制作

（1）在抽数字时，可提供空白的圆木片，增加游戏难度，让幼儿重新抽取数字。

（2）卡通嘴巴图片可替换成其他动物的嘴巴图片，吸引幼儿的兴趣。

案例五　摇珠子

1. 设计分析

数的组成和分解是数概念的重要组成部分。在日常生活中，幼儿会遇到各种各样需要运用数的分解来解决实际问题的情景（如与同伴分糖果、分饼干、分水果等）。教师可以选取生活中常见的透明蛋糕盒、珠子为制作材料，制作"摇珠子"玩教具，幼儿可以通过摇蛋糕盒中的珠子来探索数字"10"

的分解，感受总数与部分数之间的关系，以及部分数与部分数之间的关系。透明蛋糕盒可以使幼儿在最大限度上观察盒内珠子的分布情况，极大地激发幼儿的探究欲望，使幼儿初步感知数的分解。在游戏过程中，幼儿的手眼协调能力、观察力以及逻辑思维能力都能够得到锻炼和提升。

2. 适用年龄

5—6岁。

3. 材料准备

（1）主要材料：1个边长为15厘米的正方体废旧透明蛋糕盒、白色PVC板、10颗大小和颜色相同的珠子等。

（2）辅助工具：量尺、记号笔、刻刀、剪刀、热熔胶枪等（见图8-36）。

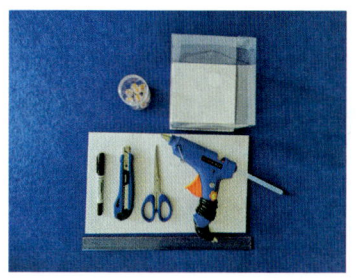

图8-36　制作材料以及工具

4. 制作方法

（1）取出废旧透明蛋糕盒的白色底座，用剪刀裁剪蛋糕盒底座，将白色底座周边的多余部分去掉，要适当地留出1毫米左右的白边（见图8-37）。

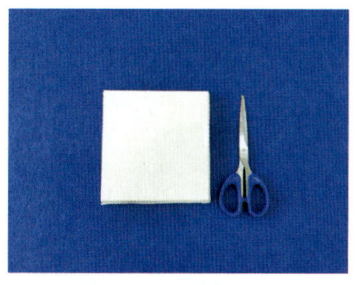

图8-37　裁剪好的底座

（2）白色盒底裁剪完成后，用热熔胶枪对准蛋糕盒底留出的边缘，将透明塑料盒身与盒底黏合，加固废旧蛋糕盒（见图8-38）。

图8-38　黏合后的蛋糕盒

（3）用量尺测量珠子的直径，再用记号笔在废旧蛋糕盒盖的正中间标记出略大于珠子直径的圆圈（约2厘米），最后用刻刀在蛋糕盒盖上刻出投放珠子的洞（见图8-39）。

图8-39　根据标记刻洞

（4）用量尺分别测量出白色底座的长与宽，拿出白色PVC板，再用记号笔在板上画出两块长方形（长度与白色底座的边长一致，宽度略大于1/2底座边长），使用刻刀裁下来，最后用热熔胶枪将两块PVC板黏合成斜面，斜面夹角根据底座宽度调整（见图8-40）。

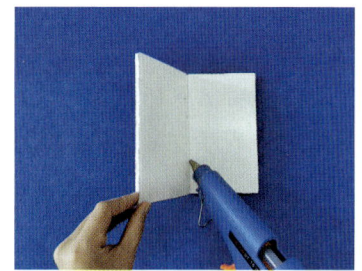

图8-40　斜面黏合

（5）用热熔胶枪将制作好的斜面、蛋糕盒盖与蛋糕盒身进行粘贴（见图8-41）。

图8-41　胶枪黏合

（6）将废旧蛋糕盒制作成分解盒后，将10颗大小、颜色相同的珠子从顶部的洞依次放入分解盒中，并检验洞的大小与安全性（见图8-42）。

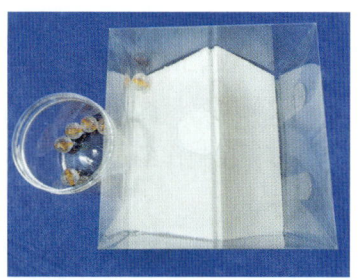

图8-42　将珠子放入分解盒

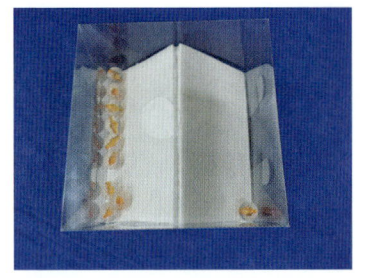

图 8-43 制作完成的玩教具

（7）完整制作好的"摇珠子"玩教具（见图 8-43）。

5. 玩法介绍

（1）玩法一：个别游戏——幼儿通过摇晃分解盒，使得斜面两边都有珠子，将分解盒放在平面上，分别数出盒子两边珠子的数量，并记录下来。

（2）玩法二：合作游戏——将制作好的分解盒投放到班级数学区域，提供记录卡，供幼儿自行记录游戏结果，幼儿 A 与幼儿 B 轮流摇，对比得到的结果（见图 8-44）。

图 8-44 游戏中的幼儿

6. 注意事项

（1）收集的废旧蛋糕盒必须清洗、消毒，确保材料的安全卫生。

（2）应尽量选择透明的盒盖，方便幼儿观察盒内珠子的分布情况。

（3）在制作的过程中，要注意不割伤手，保证用刻刀割完的蛋糕盒盖的洞口平滑。

（4）应尽量选择深色或颜色鲜艳的珠子，以方便幼儿观察。

7. 其他制作

（1）可适当调整珠子的数量，根据幼儿的不同年龄阶段，可以选择适宜的数量（如中班可减少数量，做"5 的分解"）。

（2）可根据实际情况，调整操作难度。可将分解盒的一半进行遮挡，让幼儿通过总数和部分数，计算出剩余的部分数。

案例六 数字棋

1. 设计分析

在日常生活中，我们常常要进行加减运算来解决实际的数学问题，例如购物时的交易、对两份事物的数量进行比较等。《指南》中明确提出"感知和理解数、量及数量关系"的目标，并在针对5—6岁幼儿的目标中提出，幼儿应"能通过实物操作或其他方法进行10以内的加减运算"。因此，认识"10"这个数字，掌握一种或几种10以内的加减运算方法，是幼儿需要获得的知识和经验。为响应国家构建资源节约型社会的号召，教师可以选取生活中的废旧纸盒、瓶盖等经济、易得的材料来制作"数字棋"玩教具。在操作"数字棋"玩教具的过程中，幼儿既能够获得游戏的乐趣，又能够进行加法或减法的运算练习，提升加减运算的技能。"数字棋"玩教具可由2~4名幼儿共同游戏，能够使幼儿体验到竞争性游戏的乐趣，也能够培养幼儿的人际交往能力和遵守规则的意识。

2. 适用年龄

5—6岁。

3. 材料准备

（1）主要材料：2个正方体纸盒、4种颜色的瓶盖各10个（黑色、红色、绿色、灰色）、2颗骰子、灰色即时贴、红色卡纸、白色丙烯颜料等。

（2）辅助工具：刻刀、剪刀、尺子、小号毛笔、热熔胶枪等（见图8-45）。

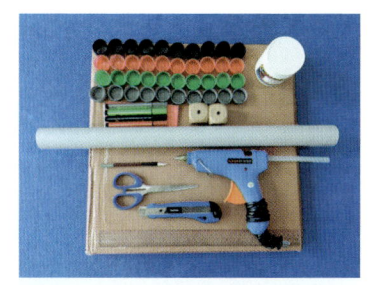

图 8-45 制作材料以及工具

图 8-46　制作正方形棋盘

4. 制作方法

（1）用刻刀将纸箱裁出一个正方形，并在四边上留 2 厘米向内折叠，然后将四个角割出小口，将边与边进行黏合，形成一个正方形棋盘（见图 8-46）。

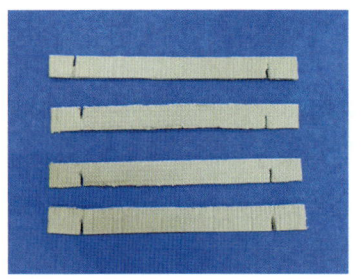

图 8-47　4 条有接口的主隔断

（2）切割出 4 条隔断条，并在两端切出上下接口，将隔断条拼接成"井"字形，然后用热熔胶枪将其黏合到正方形棋盘中，形成棋盘中的边缘隔断（见图 8-47）。

图 8-48　固定小隔断后的棋盘

（3）用量尺测量小隔断需要的长度（10 厘米 +14 厘米 =24 厘米），并在纸板上标记，然后切割 4 条小隔断，按测量的记号将小隔断折成 90°，然后用热熔胶枪将小隔断固定（见图 8-48）。

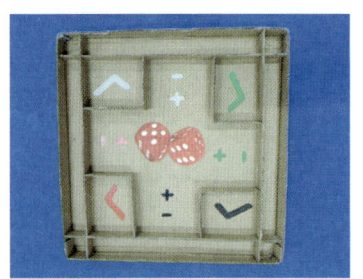

图 8-49　用图案装饰棋盘

（4）用即时贴包装棋盘的外部，既能装饰棋盘，也能使棋盘的底部防水，用彩色笔绘画来修饰棋盘的内部，如用瓶盖的 4 种颜色的彩色笔来绘画"√""+""−"的图案，用红色彩色笔和白色丙烯颜料画"骰子"的图案，可以用来提示数字棋的摆放位置和游戏玩法（见图 8-49）。

(5)在卡纸上画出比瓶盖略小的圆形,并用小号毛笔蘸取白色的丙烯颜料,在圆圈内写4组"1~10"的数字,然后用剪刀剪下来做数字贴(见图8-50)。

图8-50 制作圆形数字贴

(6)将4组"1~10"的数字贴粘贴到4组不同颜色的瓶盖上,完成数字棋的制作(见图8-51)。

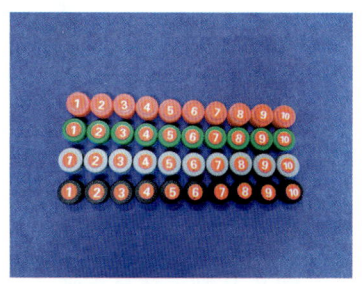

图8-51 制作完成的数字棋

(7)取出2颗骰子,并将骰子和数字棋整理进制作好的棋盘内,完成"数字棋"(10以内的加减运算)玩教具的制作(见图8-52)。

图8-52 制作完成的玩教具

5. 玩法介绍

可由2~4名幼儿合作游戏。用投掷骰子的大小决定游戏的先后顺序和数字棋颜色的选择权。在正式游戏时,幼儿轮流投掷2颗骰子,用投掷骰子的点数进行"加法"或"减法"运算,报出自己的答案,其他同伴检验结果。若运算正确,幼儿可将与运算结果一样的数字棋放入同颜色的"√"隔断里;若运算错误或运算结果不是"1~10"的数字,以及运算结果为已放入隔断的数字，则轮空。谁先在隔断中集齐所选定颜色的数字棋，谁就获胜（见图 8-53）。

图 8-53　游戏中的幼儿

例：幼儿 A 投掷的骰子数分别为"3"与"5"，选择加法运算，则为 3+5=8。

幼儿 B 判定运算正确。

幼儿 A 将自己的数字棋"8"放入自己的小隔断里。

幼儿 B 投掷的骰子数分别为"2"与"4"，选择减法运算，则为 4-2=2。

幼儿 A 判定运算正确。

幼儿 B 将自己的数字棋"2"放入自己的小隔断里。

6. 注意事项

（1）收集的瓶盖必须清洗、消毒，每种颜色的 10 个瓶盖是完全相同的，不同的颜色清晰分明，以便提高辨别度。

（2）选择的正方体纸盒的边长要大于 10 个瓶盖的直径之和。

（3）使用刻刀时要注意安全，使用后要将刀收好。

（4）大隔断围成的宽度要略大于瓶盖的直径，小隔断围成的面积要能容纳下 10 个瓶盖。

（5）在使用丙烯颜料的过程中，要佩戴围裙和袖套，避免弄脏衣物，使用后要及时盖好颜料，并做好清洁工作。

（6）要等丙烯颜料风干后裁剪数字，避免数字模糊。

7. 其他制作

（1）收集的瓶盖若颜色不均，可用丙烯颜料均匀上色，也可用扑克牌代替瓶盖。

（2）可用方形扁礼盒盖代替棋盘，也可用画布代替棋盘。

（3）可用橡皮泥或超轻黏土来制作骰子，以代替现有的骰子。

案例七　密码会说话

1. 设计分析

摩斯密码在我们的生活中似乎并不常见，但摩斯密码特殊、神秘、有趣的表达形式，吸引着许多人在设计与制作产品时进行借鉴和模仿。幼儿时期是感觉、知觉迅速发展的黄金期，幼儿通过感觉、知觉来探究、感知身边的一切事物，获得丰富的感觉、知觉经验，并对周围世界产生认知和了解。教师可以利用废旧纸盒、废旧台历本等材料自制"密码会说话"玩教具。在游戏过程中，一名幼儿按照密码敲击小鼓，另一名幼儿听到敲击声后，根据敲击声破译出密码，并从盒子里摸出正确的密码。幼儿需要通过认真倾听来破译对方所传达的密码，并通过触觉找到正确的密码。这个过程不仅能够提高幼儿对声音的辨别能力，也能够培养幼儿的倾听能力和记忆力，丰富幼儿的触觉体验，同时摩斯密码能够让幼儿了解数的多种表现形式，激发其后续开展数学学习的兴趣。

2. 适用年龄

5—6岁。

3. 材料准备

（1）主要材料：废旧纸盒、废旧台历本、小纽扣、吸管、眼罩、用饼干罐子做的小鼓、珠子、即时贴、打印好的摩斯密码（数字0~9）等。

（2）辅助工具：热熔胶枪、剪刀、双面胶、铅笔、尺子、刻刀、打孔机等（见图8-54）。

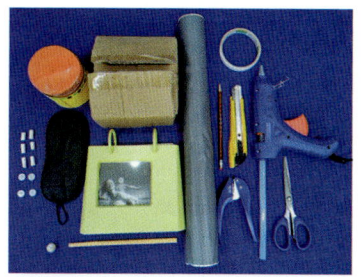

图8-54　制作材料以及工具

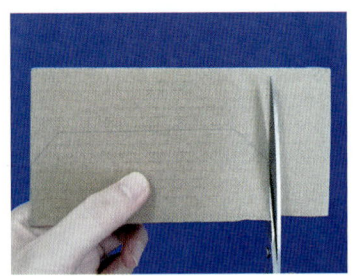

图 8-55　裁剪纸板

4. 制作方法

（1）取废旧纸盒，用剪刀将纸盒裁剪出 10 个纸板。先剪出一个梯形纸板当作模板，然后依样裁剪剩余纸板（见图 8-55）。

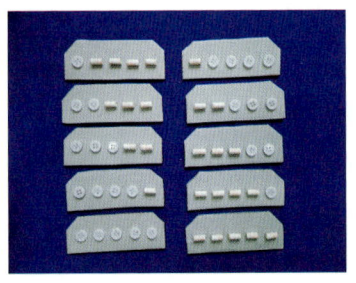

图 8-56　10 个摩斯密码

（2）取纽扣和吸管，将吸管剪成统一长度的小段，用热熔胶枪将纽扣、吸管按照 10 个摩斯密码（数字 0~9）一一粘到纸板上（见图 8-56）。

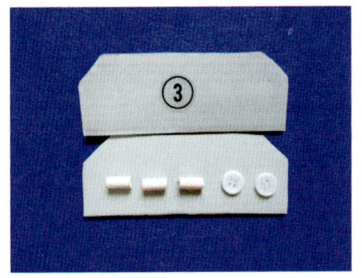

图 8-57　两面是密码和解密数字

（3）在纸板的白面写上对应密码的解密数字（见图 8-57）。

图 8-58　制作神秘盒子

（4）取废旧纸盒，使用刻刀在纸盒的一侧刻出拳头大小的洞，用即时贴包装纸盒，放置摩斯密码的神秘盒子就完成了（见图 8-58）。

（5）将打印好的摩斯密码（数字0~9）裁剪、过塑，按特定含义（如520、886等）逐一粘贴在旧台历上（见图8-59）。

图8-59　摩斯密码和解密

（6）取出吸管和珠子，用热熔胶枪将两者黏合，制作出鼓槌。再将收集来的小铁罐当小鼓（见图8-60）。

图8-60　鼓槌和小鼓

（7）完整制作好的"密码会说话"玩教具（见图8-61）。

图8-61　制作完成的玩教具

5. 玩法介绍

幼儿A戴上眼罩，幼儿B按照台历上的摩斯密码敲击小鼓（需要按照纽扣与吸管的排列顺序进行敲击，纽扣敲击鼓面，吸管敲击鼓身），幼儿A听到敲击声后，根据敲击声从盒子里摸出正确的密码（见图8-62）。

图 8-62 游戏中的幼儿

6. 注意事项

（1）黏合纽扣和吸管的纸板的形状不能是中心对称图形，避免幼儿在触摸的过程中出现前后顺序颠倒的情况。

（2）纸盒上洞的大小应该根据幼儿手的大小来确定，方便幼儿取出纸板。

7. 其他制作

（1）可以定期增添不同的纸板，让幼儿有更多的选择性以及持续游戏的兴趣。

（2）可以用两种触感不同的材料代替纽扣和吸管；如果没有废旧台历本，可制作翻页小书代替；可以用干净的手帕代替眼罩。

 本章小结

开展数学学习是锻炼幼儿思维能力的重要途径，数学本身的抽象性要求教师抓住生活中处处可见的数学，以直观、易懂的方式促进幼儿的数学学习及思维发展。本章中陈述了数学领域的内涵及目标，主要以"分类和排序""量的认知""图形认知"三方面来设计和制作玩教具。同时，本章中强调幼儿学习数学更多的是解决生活中的实际问题，而非习得数学概念和技能，要在解决问题中获得思维的训练。

本章思考

1. 教师独自或以小组为单位,选择"分类和排序""量的认知""图形认知"中的一方面,设计一份玩教具,写出设计方案并制作。

2. 诊断和分析班级内现有的数学领域玩教具是否贴近幼儿当下的生活,尝试优化其中一份玩教具。

第九章

艺术领域玩教具设计与制作

📖 本章导读

　　有教师在教研会议上提出，在制作艺术领域玩教具时，自己最大的困惑是：如何让已设计和制作好的音乐、美术类玩教具既是成型的，又可以让幼儿在与玩教具互动时激发艺术表现能力与艺术创造能力？该问题一经提出，便引发了更多教师讲述他们在设计与制作艺术领域玩教具时遇到的问题：许多的艺术领域玩教具本身就具有可操作性，但可操作并不代表幼儿对它有兴趣，那么如何体现艺术领域玩教具的"有趣性"？如何就地取材设计与制作艺术领域玩教具？

　　面对教师的种种问题，教研会议的重点确定为：如何实现艺术领域玩教具的"趣味性"？通过脑力激荡、众筹点子等多种方法，教师汇集了自己最喜欢或最有印象的玩教具，收集和整理了许多可与艺术创作相结合的方法，构思出大量的艺术领域玩教具设计与制作的初步设想与方案……

每名幼儿的心里都有一颗美的种子，而艺术是人类感受美、表现美和创造美的重要形式，也是人类表达自己对周围世界的认识和情感态度的独特方式。幼儿对事物的感受和理解不同于成人，他们表达自己的认识和情感的方式也有别于成人。对幼儿实施美育，能够帮助幼儿建立起初步的审美意识，提高审美心理素质，促进人格完整。

在设计和制作艺术领域玩教具时，教师应主要围绕感受与欣赏、表现与创造两方面，力求融合音乐、美术、舞蹈、戏剧等艺术形式，创造机会和条件，支持幼儿进行艺术表现和创造。艺术是极具创造力和趣味性的，除了有目的、有计划、有组织地对幼儿进行艺术熏陶外，幼儿与环境、材料进行互动也可以实现审美教育，并且能发挥幼儿的创造性。例如，在"愤怒的颜色"玩教具中，幼儿可以使用简易的投石机进行作画，既能感受到趣味性，又能感受到毛球弹射所形成的独一无二的美。

一、艺术领域内涵

《纲要》中指出，艺术是幼儿的另一种表达认识和情感的"语言"。教师应为幼儿的艺术学习与发展创造条件和机会，引导幼儿接触生活中的各种美好事物，在大自然和社会文化生活中萌发幼儿对美的感受和体验，丰富幼儿的感性经验和情感体验，使幼儿用心灵感受和发现美。

在艺术领域的学习中，教师应充分理解和尊重幼儿的艺术表现，不轻易评判幼儿和训练幼儿，支持幼儿有个性和创造性的表达，避免过分强调机械式的技能练习。幼儿喜欢涂涂画画、唱唱跳跳，他们在这个过程中抒发内心的情感，与他人产生共鸣，充满愉悦感和成就感，充盈内心的力量。

二、艺术领域目标

（一）总目标

（1）在周围环境和艺术作品中感受美，培养美的敏感性和审美能力。

（2）喜欢参与歌唱、欣赏、演奏和韵律等活动，学会使用一些简易乐器。
（3）掌握一定的美术基本技能，养成良好的美术活动习惯。
（4）乐意用艺术的形式进行自我表达，享受艺术活动。

（二）分类目标

1. 感受与欣赏

（1）能发现自然界和周围环境中美的事物。
（2）能感知到环境中的艺术作品，学会欣赏艺术作品的色彩、构图、线条等。
（3）喜欢倾听各种好听的声音并乐于模仿，能感知到基本的音乐要素。

2. 表现与创造

（1）积极主动参加艺术活动并勇于自我表达，建立自信心与成就感。
（2）掌握一定的艺术表现方法，具有初步的艺术表现与创造能力。

三、艺术领域玩教具框架

艺术领域玩教具框架见表 9-1。

表 9-1　艺术领域玩教具框架

分类 \ 序号	感受与欣赏	表现与创造	……
1	趣味架子鼓	手套淋画	……
2	吸管排笛	皮筋画	……
3	雨声筒	愤怒的颜色	……
4	小号喇叭	泡泡镇	……
5	绳子画	魔法条	……
6	自然笔记	梦想放映机	……
7	彩虹音乐瓶	神奇小剧场	……
8	……	……	……

四、艺术领域经典玩教具实例

案例一 雨声筒

1. 设计分析

大自然中的一切声音都有独一无二的魅力，让幼儿倾听大自然中的声音，关注周围的自然环境，进而发现自然之美，萌发热爱自然、保护自然的情感，在这个自然教育相对缺失的时代显得十分重要。雨声是幼儿在生活中常能听到的自然之声，幼儿喜欢观察雨水下落的过程、倾听雨水打湿地面的声音。教师可以用生活中随处可见的纸筒制作"雨声筒"玩教具，这一玩教具可以模仿自然中大小不同的雨声。教师可以将"雨声筒"玩教具摆放在幼儿的活动空间中，幼儿在摇晃和倾倒雨声筒的过程中，能够感受倾倒速度的快慢与雨声的变化，以及不同长度、粗细的"雨声筒"所发出的雨声差异。在认真倾听、感受雨声的过程中，幼儿将产生运用"雨声筒"进行音乐创作的兴趣，提升音乐的感知能力和创作能力。将"雨声筒"与幼儿的音乐创作相结合，是将生活之美与艺术之美相结合的艺术实践。

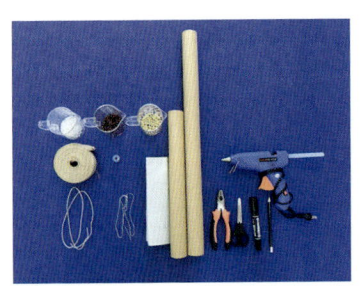

图 9-1 制作材料以及工具

2. 适用年龄

3—4 岁。

3. 材料准备

（1）主要材料：废旧纸筒、适量的谷物（大米、黄豆、红豆等）、即时贴、粗绳、粗铁丝、细铁丝等。

（2）辅助工具：尖嘴钳、蓝色线、铅笔、圆规、剪刀、热熔胶枪等（见图 9-1）。

4. 制作方法

（1）取出即时贴，用圆规在即时贴的背面画出两个大小不一的同心圆，内圆大小与纸筒一致，外圆半径大于内圆半径约2厘米。沿外圆剪下，并剪出平脚齿轮状。共制作四组即时贴（见图9-2）。

图 9-2　剪出平脚齿轮形状

（2）将平脚齿轮状即时贴分别粘贴在两个纸筒的一端，将纸筒一端的口封闭好（见图9-3）。

图 9-3　封闭纸筒一端的口

（3）用尖嘴钳子把粗铁丝、细铁丝分别拧成高低不同的弹簧，弹簧的粗细要小于纸筒的内径，细铁丝弹簧要比粗铁丝弹簧小一些。一粗一细弹簧为一组，将两组弹簧分别放入两个纸筒内（见图9-4）。

图 9-4　铁丝制作的弹簧

（4）分别将适量的大米、黄豆、红豆倒入两个纸筒内（见图9-5）。

图 9-5　放入各种材料

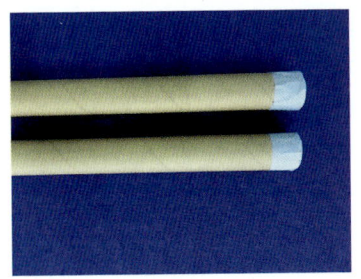

图 9-6　封住纸筒另一端

（5）将所有的东西装好后，用平脚齿轮状即时贴封住纸筒的另一端开口处（见图 9-6）。

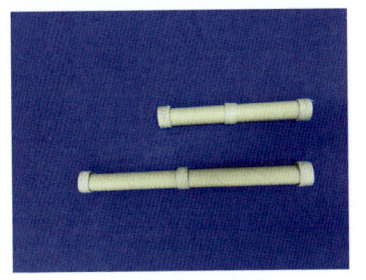

图 9-7　用绳线装饰雨声筒

（6）用热熔胶枪将麻绳装饰在纸筒的两端和中间，最后用细的蓝色线装饰（见图 9-7）。

图 9-8　制作完成的玩教具

（7）完整制作好的"雨声筒"玩教具（见图 9-8）。

5. 玩法介绍

（1）玩法一：独立探索——幼儿自由探索雨声筒的玩法，感受用不同速度晃动雨声筒时的声音变化。

（2）玩法二：教师可以将制作好的雨声筒投放到音乐区，准备一台小音箱，供幼儿播放音乐，幼儿可跟随音乐转动雨声筒，使其发出声音（见图 9-9）。

图 9-9 游戏中的幼儿

6. 注意事项

（1）收集的废旧纸筒、铁丝要经过消毒，在拧铁丝的过程中要注意安全，防止铁丝划伤手指。

（2）选用的纸筒应尽可能长一些，这样声音会更加延绵。

7. 其他制作

（1）可用长度、粗细不同的纸筒做雨声筒，使雨声筒的声音更加丰富。

（2）在有条件的情况下，可用竹筒制作雨声筒，呈现出不同的雨声。

案例二　花甲摇铃

1. 设计分析

随着听觉系统、记忆力和快速反应能力的发展，幼儿对生活中各种声音感兴趣，尝试探索身体、自然界、乐器等发出的声响，而游戏是引导幼儿倾听和分辨各种声响的有效途径。"花甲摇铃"玩教具由生活中常见的花甲壳制作而成，结合幼儿的生活经验，以摇动花甲壳的游戏方式吸引幼儿参与游戏，产生探索玩教具的热情。幼儿通过自由探索与尝试认识打击乐器，在音乐游戏和互动中获得美的感受，用语言、表情、动作等表达自己的情感。

2. 适用年龄

3—4 岁。

3. 材料准备

（1）主要材料：花甲壳、绿豆、白色毛线、一次性竹签、橡皮筋、丙烯颜料等。

图 9-10　制作材料以及工具

（2）辅助工具：美工剪刀、调色盘、颜料刷、勾线笔、热熔胶枪等（见图 9-10）。

图 9-11　将花甲壳清洗消毒

4. 制作方法

（1）清洗和消毒花甲壳，晾干备用（见图 9-11）。

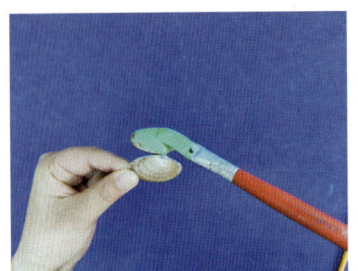

图 9-12　将花甲壳背部涂色

（2）使用颜料刷分别将花甲壳的背部涂上颜色、晾干（见图 9-12）。

图 9-13　花甲壳中放入绿豆

（3）取 6~8 颗绿豆，放入花甲壳的凹槽内，再对盖上另一个花甲壳。依此类推，共制作 4 对花甲壳（见图 9-13）。

（4）取 10 厘米左右的白色毛线，从对盖住的花甲壳中间缠绕，将其固定绑好，以免绿豆漏出（见图 9-14）。

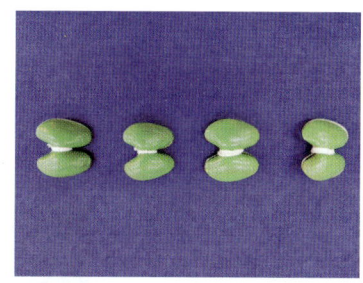

图 9-14　使用毛线固定绑好

（5）使用黑色勾线笔，在绑好的 4 对花甲壳的正反面均画上漂亮的对称花纹（见图 9-15）。

图 9-15　画上对称的漂亮花纹

（6）取 2 根一次性竹签，用美工剪刀裁剪去尖锐的部分，将竹签两端对齐，用橡皮筋固定后，在中间依次夹入 4 对花甲壳，另一端也用橡皮筋固定（见图 9-16）。

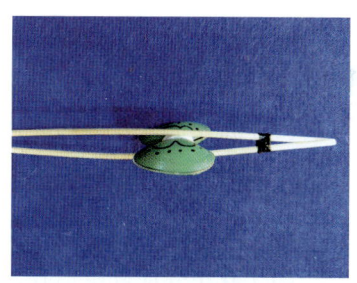

图 9-16　用竹签固定花甲壳

（7）完整制作好的"花甲摇铃"玩教具（见图 9-17）。

图 9-17　制作完成的玩教具

5. 玩法介绍

（1）玩法一：摇动花甲摇铃，并根据音乐翩翩起舞，由 1~2 名幼儿游戏（见图 9-18）。

图 9-18　游戏中的幼儿

（2）玩法二：幼儿 A 摇动花甲摇铃，并做出自由的律动动作，幼儿 B 摇动花甲摇铃并模仿幼儿 A 的动作。

（3）玩法三：幼儿 A 戴眼罩，幼儿 B 手握花甲摇铃，在距离幼儿 A 的耳朵 20~30 厘米处，轻轻摇晃摇铃，观察幼儿 A 是否会将头部转动到发声处，有追声的意识。

（4）玩法四：在安静的环境中，幼儿 A 头戴眼罩，幼儿 B 手握花甲摇铃，在幼儿 A 的周围轻轻摇一摇，幼儿 A 根据摇铃声进行上下左右的方向辨别。

6. 注意事项

（1）花甲壳应硬度适宜，这样的材料可以保证玩教具的完整性与耐用性。

（2）在使用竹签固定花甲壳时，可用热熔胶枪进行黏合固定，使玩教具更牢固。

7. 其他制作

（1）可提供打击乐音频，幼儿进行模仿表演，增加玩教具的趣味性及幼儿持续游戏的兴趣。

（2）在条件有限的情况下，可以用其他贝壳、坚果壳等代替花甲壳。

案例三　手套淋画

1. 设计分析

大自然是天然的艺术家，很多自然形成的痕迹就像一幅美丽的画面——绵绵细雨落到地面形成的水渍画面，蜗牛拖着重壳穿行在落叶上的黏液画面，水滴在荷叶上滚动的水珠画面。这些独特的画面常常激发幼儿的好奇心和求知欲，使幼儿产生美术创作的兴趣。"手套淋画"玩教具以生活中常见的一次性透明手套、颜料作为制作材料，透明的一次性手套可以使幼儿看见颜料色彩和容量的变化，能够激发幼儿操作和探究的兴趣。在游戏的过程中，幼儿可以发挥想象力，自主拼搭图形，选择喜欢的颜色沿边淋洒，进行美术创意活动。活动的过程可以使幼儿体验到运用不同形状的物体来创作图形的乐趣，使幼儿掌握勾勒形状的方法，提高幼儿手部肌肉的控制能力，激发幼儿进行美术创作的热情。"手套淋画"是运用多种媒介进行美术创作的一项实践，可以让幼儿在游戏的过程中体验艺术创作的乐趣。

2. 适用年龄

3—4岁。

3. 材料准备

（1）主要材料：颜料、废旧纸盒、画纸、手套、原木块等。

（2）辅助材料：双面胶、皮筋、纸杯、大头针等（见图9-19）。

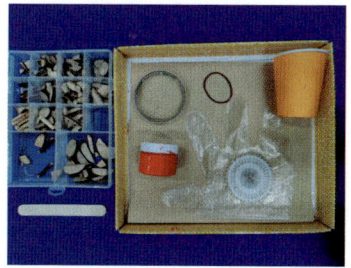

图 9-19　制作材料以及工具

4. 制作方法

（1）用大小不一的原木块在画纸上贴出有趣的图案。例如，用大原木片贴出花蕊，用小原木片贴出花瓣，最后用树枝贴出花枝（见图9-20）。

图 9-20　用原木块拼贴画面

图9-21　颜料和水搅拌均匀

（2）在纸杯中加入适量的水，然后用雪糕棒取适量颜料放入纸杯，稀释颜料并搅拌均匀（见图9-21）。

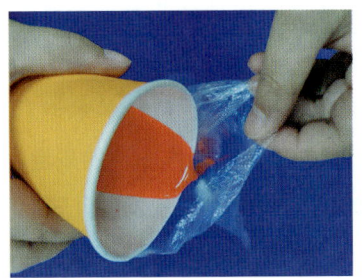

图9-22　颜料注入手套内

（3）将调好的颜料缓缓注入一次性手套，没过手指部分即可（见图9-22）。

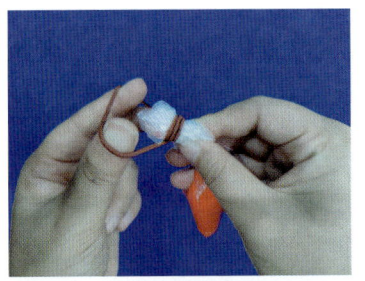

图9-23　用皮筋扎紧手套口

（4）用皮筋反复缠绕手套口，直至完全扎紧，扎紧后检查颜料是否有泄漏（见图9-23）。

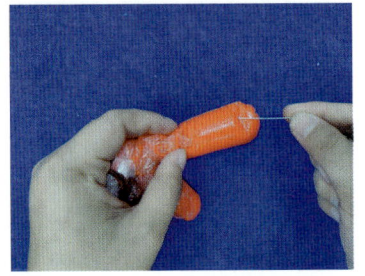

图9-24　用针在手套手指处扎孔

（5）取出大头针，在手套的一个手指处轻扎一个孔（见图9-24）。

（6）边轻捏手套，边沿摆好的画面边缘滴洒颜料，用颜料勾勒图案的轮廓（见图9-25）。

图 9-25　用颜料勾勒图案轮廓

（7）完整制作好的"手套淋画"作品（见图9-26）。

图 9-26　完成作品

5. 玩法介绍

（1）玩法一：幼儿自主选取材料，进行图案拼贴，在教师的引导下使用装有颜料的手套进行图案勾勒，独立完成作品（见图9-27）。

图 9-27　游戏中的幼儿

（2）玩法二：可在手套的不同手指间注入不同的颜色，使幼儿在画面创作时色彩更为丰富多元。

6. 注意事项

（1）收集的废旧纸盒、大头针必须清洁和消毒，而一次性手套应该是干净卫生的。

（2）在制作的过程中，应注意大头针的安全使用，切不可用手直接接触针头，以防幼儿在使用过程中被扎伤等，使用完毕后及时收纳和保管大头针。

7. 其他制作

（1）可选用不同种类的废旧材料拼贴出不同的画面，如选用落叶、废旧报纸等。

（2）可选取新的注射器、滴管、塑料眼药瓶等代替手套进行淋画。

案例四 趣味架子鼓

1. 设计分析

幼儿是天生的艺术家，自出生起就开始感知生活中美的事物，并用自己的方式来表现美和创造美，表达对生活和周围世界的热爱。幼儿常常喜欢探究生活中各种物体发出的声音，并通过拍打和敲击身体、生活中的物件以及专门的乐器，来创作丰富多样的音乐节奏和旋律。教师可以利用废弃的罐子等材料来制作"趣味架子鼓"玩教具，满足幼儿敲敲打打的爱好，培养幼儿的音乐节奏感，激发幼儿创作音乐的兴趣，使幼儿热爱音乐。"趣味架子鼓"玩教具由体积大小不一、高低呈现各异的一组小鼓组成。在游戏活动中，幼儿可以利用架子鼓，创作出丰富多样的音乐节奏和旋律，在学习和游戏的过程中体验音乐创作的乐趣。

2. 适用年龄

4—5岁。

3. 材料准备

（1）制作材料：5个大小不同的透明罐、金色即时贴、小木棍、银色丙烯颜料、彩泥、红布、铁丝、毛线、原木片等。

（2）辅助工具：钳子、剪刀、颜料刷等（见图9-28）。

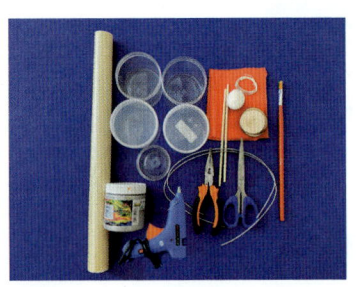

图9-28 制作材料以及工具

4. 制作方法

（1）用颜料刷在透明罐外侧均匀地刷上银色丙烯颜料（见图9-29）。

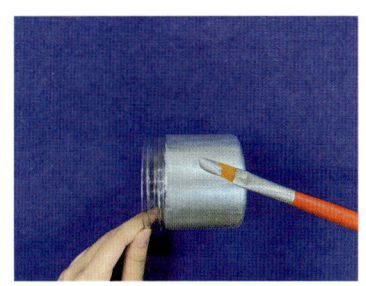

图 9-29　鼓身均匀刷上颜色

（2）用钳子将铁丝拧出适宜的长度，然后用铁丝拧出鼓架（见图9-30）。

图 9-30　用铁丝制作鼓架

（3）将即时贴剪出5个与瓶盖大小一致的圆形，把圆形贴在瓶盖上；再用与瓶盖外侧宽度一致的长条即时贴，将瓶盖的外侧粘贴好（见图9-31）。

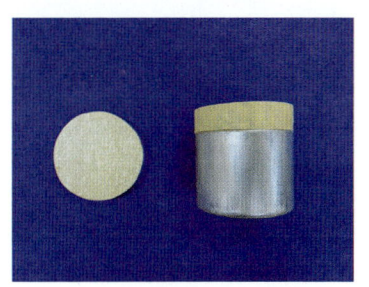

图 9-31　用即时贴装饰瓶盖

（4）用热熔胶枪将原木片粘贴在鼓架下部，再将鼓架上部与罐子底部进行粘贴，使鼓架可以立起来（见图9-32）。

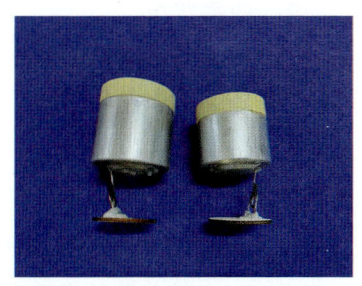

图 9-32　将鼓架与鼓身固定

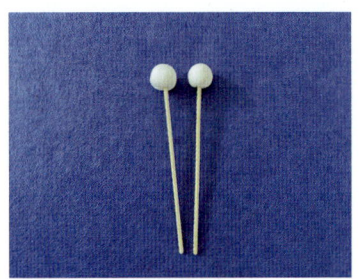

图 9-33 将木棍插入圆球内

（5）将黏土揉搓成两个一样的小圆球，把木棍插入圆球内（见图 9-33）。

图 9-34 扎好红绸布的鼓棒

（6）用红绸布将小圆球包紧，然后用毛线缠绕、扎紧，装饰好鼓棒（见图 9-34）。

图 9-35 制作完成的玩教具

（7）完整制作好的"趣味架子鼓"玩教具（见图 9-35）。

5. 玩法介绍

（1）玩法一：个别游戏——幼儿用鼓槌敲打不同大小的鼓面，自由探索各种声音，感知音色的不同。

（2）玩法二：个别游戏——教师播放音乐感较强的音乐，鼓励幼儿配合音乐敲击架子鼓，感受音乐节奏和音乐中有规律的强弱、长短现象。

（3）玩法三：合作游戏——由 2 名以上幼儿完成，教师播放音乐感较强的音乐，一名幼儿跟随音乐有节奏地敲击架子鼓，其他幼儿根据架子鼓的敲击声进行创编表演（见图 9-36）。

图 9-36　游戏中的幼儿

6. 注意事项

（1）收集的废旧罐子、木棍必须清洗、消毒、晒干，确保材料的安全卫生。

（2）架子鼓上的铁丝、原木块底座要无毛刺，确保幼儿在操作中的安全，教师在制作玩教具时要使用手套，确保制作过程的安全。

（3）播放的音乐可定期更换，可播放幼儿学过的音乐，幼儿在合作表演时，可以边唱边打。

7. 其他制作

（1）可用废弃的易拉罐或其他材料的瓶子制作腰鼓、拨浪鼓、军鼓等其他玩教具。

（2）可收集大小不同的饼干盒、锅盖、纸盒等，将铁质材料和纸质材料做成架子鼓，让幼儿感受不同材料敲打后发出的声音。

（3）除了已做好的鼓槌，幼儿还可以用不同材质的鼓槌敲打，听听木棒、金属棒、纸棒敲打出的声音的不同，进而感受音乐的强弱。

案例五　跳跃的颜料画

1. 设计分析

翻飞的皮筋、五彩的颜色、灵动跳跃的身影，是无数幼儿的童年回忆。

幼儿在跳皮筋的过程中,常常会体会到皮筋的弹性。教师可以选取生活中常见的弹力水晶线、颜料作为制作材料,利用水晶线的弹力特性和颜料的丰富色彩,设计与制作出"跳跃的颜料画"玩教具。运用颜料进行弹画的过程,能够使幼儿感知"弹力的大小"与创作图画效果之间的关系,锻炼幼儿的手眼协调能力,使幼儿习得色彩搭配、画面构图相关的知识经验,提升幼儿的空间想象能力和美术思维能力。

2. 适用年龄

4—5岁。

3. 材料准备

(1)主要材料:弹力水晶线、托盘、黑色卡纸、彩色颜料等。

(2)辅助材料:棉签、剪刀等(见图9-37)。

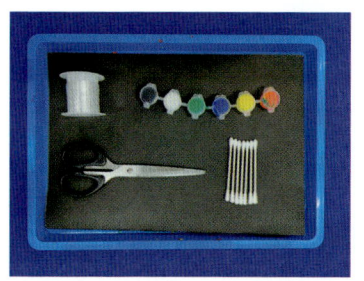

图9-37 制作材料以及工具

4. 制作方法

(1)取出黑色卡纸,放入托盘底部(见图9-38)。

图9-38 将卡纸放入托盘中

(2)剪下弹力水晶线,纵横、上下前后缠绕托盘,最后在托盘背面打结,松紧以幼儿能较轻松地拉起为宜(见图9-39)。

图9-39 纵横上下缠绕水晶线

（3）取出棉签，蘸取稀释的颜料（见图9-40）。

图9-40　用棉签蘸取颜料

（4）将颜料均匀地涂抹在水晶线上，可选取不同的颜色，反复涂抹，直到水晶线全部被涂满（见图9-41）。

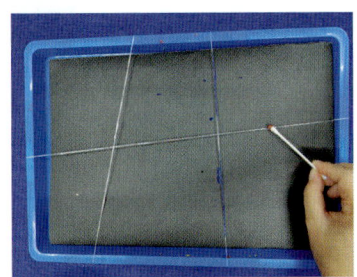

图9-41　在水晶线上均匀涂色

（5）用手指勾住水晶线，将颜料弹到黑色卡纸上，力度不同则颜色深浅不同，可变动水晶线的方向进行弹射（见图9-42）。

图9-42　勾住水晶线弹射颜料

（6）拆掉水晶线，取出黑色卡纸，一份完整的画作就完成了（见图9-43）。

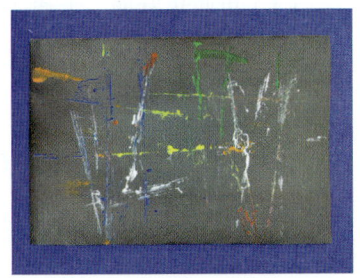

图9-43　制作完成的画作

5. 玩法介绍

（1）玩法一：独立游戏——幼儿蘸取颜料，涂满弹力水晶线，拉起水晶线，再松手进行弹射，颜料溅到纸上，形成画面（见图9-44）。

图9-44　游戏中的幼儿

（2）玩法二：合作游戏——由2名以上幼儿进行游戏，方法与前面相同，但在过程中增加水晶线的缠绕，通过观察与实践来分析弹力大小给画面带来的不同改变，共同创作一幅作品。

6. 注意事项

（1）在游戏过程中，注意水晶线的安全使用，防止因水晶线弹性过大，导致幼儿误伤肢体、眼睛。

（2）在游戏的过程中，注意颜料的安全使用，由于颜料在弹射的过程中容易产生喷溅，可为幼儿配备护目镜，并提醒幼儿尽量控制力度。使用玩教具后，应提醒幼儿及时洗手，切勿用手揉眼睛。在采购时，注意选用环保无毒的颜料。

7. 其他制作

（1）可收集麻绳、卡通头绳等，做弹射图案别样的玩教具。

（2）托盘形状可根据幼儿喜欢的画面进行改变，如圆形、三角形等。

案例六　愤怒的颜色

1. 设计分析

投石机又称石弩，是中国古代战场上常用的军事器械。幼儿对投石机的独特造型、构架原理以及使用方法有浓厚的兴趣,期望操作、探索这一工具。教师可以将生活中的废旧物品改造成简易的投石机,幼儿可以通过简易的投石机弹射颜料球,创作毛球弹射画。在活动的过程中,幼儿可以自主操作投石机,选择喜欢的颜色进行创作,了解"弹力的大小"和创作画面效果之间的关系,激发美术创作的兴趣,提高对美的感知力与创造力,锻炼手部的肌肉力量,提高手眼协调能力。此外,毛球弹射作画能够体现运用多种方式进行美术创作的理念。游戏的过程不但能够丰富幼儿对美的感性认知,而且能够提高幼儿的色彩搭配能力。

2. 适用年龄

4—5岁。

3. 材料准备

(1)主要材料:画板、颜料、瓶盖、毛球、雪糕棒、夹子等。

(2)辅助材料:热熔胶枪、剪刀、纸杯、大头针、泡沫胶等(见图9-45)。

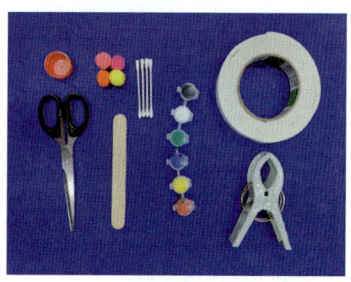

图9-45 制作材料以及工具

4. 制作方法

(1)用剪刀将雪糕棒沿中间剪开,取一半备用(见图9-46)。

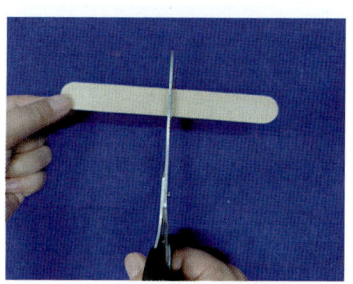

图9-46 沿中间剪开雪糕棒

(2)用热熔胶枪将雪糕棒粘在夹子手柄的一侧,轻按至胶水干透(见图9-47)。

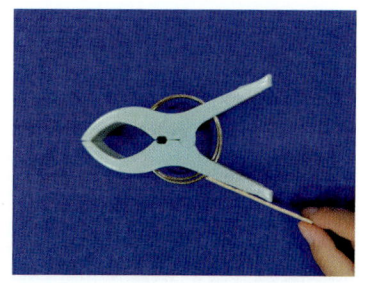

图9-47 粘在夹子顶端一侧

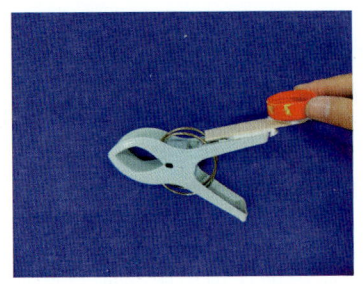

图 9-48　将瓶盖粘在木棒上

（3）用泡沫胶将瓶盖固定在雪糕棒的尾端，轻按以保证牢固（见图 9-48）。

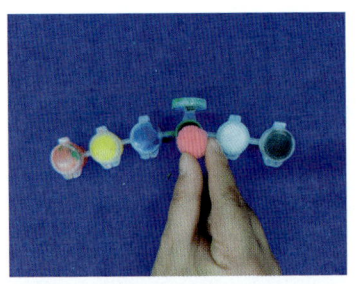

图 9-49　将毛球染色

（4）取毛球轻蘸颜色并将染色毛球放入瓶盖内，可选用不同颜色重复蘸色（见图 9-49）。

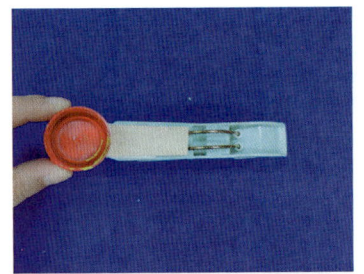

图 9-50　按压有瓶盖一端

（5）将夹子直立放稳，往下按压有瓶盖的一端（见图 9-50）。

图 9-51　对准画板弹射毛球

（6）感受到压力后对准画板松手，将毛球弹射到画板上，重复弹射多次（见图 9-51）。

(7)完整制作好的"愤怒的颜色"美术作品(见图 9-52)。

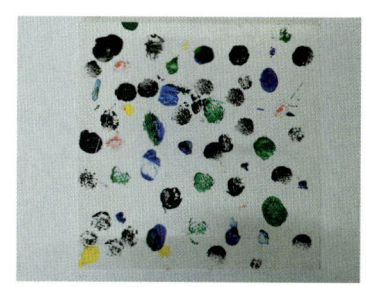

图 9-52　完成作品

5. 玩法介绍

(1)玩法一:独立游戏——幼儿取出毛球蘸取颜色,使用简易的投石机进行毛球弹射,独立创作一幅有趣的毛球弹射画。

(2)玩法二:合作游戏——幼儿 A 与幼儿 B 同步进行毛球弹射,根据对距离的观察、对弹力的探索,最终弹射到画板上的颜料痕迹多者为赢方(见图 9-53)。

图 9-53　游戏中的幼儿

6. 注意事项

(1)在毛球弹射的过程中,应注意力度的控制,以防颜料喷溅,应选用环保无毒的颜料。

(2)在制作的过程中,应注意热熔胶枪的安全使用,由于热熔胶枪在使用时温度极高,切不可用手接触喷嘴处及熔胶处。胶枪不使用时,请直立于桌面,使用完毕后,应把喷嘴向下,拔去电源插头。在采购时,要注意选用带有防烫嘴的热熔胶枪。

7. 其他制作

（1）可使用大小不同的毛球进行弹射，产生不同的创作效果。

（2）可选取高矮、大小不同的夹子制作成投石机，供幼儿进行弹画。幼儿可以比一比哪种投石机弹得更远、痕迹更清晰，创造多种游戏可能。

案例七　吸管排笛

1. 设计分析

幼儿是天生的音乐家，对大自然中美妙的声音有非常敏锐的感知力。在日常生活中，幼儿喜欢倾听和模仿大自然中的各种声音。教师可以选取生活中常见的吸管，来设计与制作"吸管排笛"玩教具。在游戏的过程中，幼儿可以自由地探索排笛发出声音的高低、强弱、长短与排笛笛管、气息之间的关系，提升对声音的辨识力和感知力，以及对气息的掌控和运用能力，激发运用排笛进行音乐创作的兴趣，丰富和拓展自身的音乐经验，从而爱音乐、爱生活、爱世界。

2. 适用年龄

5—6岁。

3. 材料准备

（1）主要材料：吸管、彩色卡片、蝴蝶结、橡皮泥等。

（2）辅助工具：铅笔、热熔胶枪、美工剪刀、尺子等（见图9-54）。

图9-54　制作材料以及工具

4. 制作方法

（1）测量吸管长度，用剪刀将吸管剪成不同的长度。第一根吸管长8厘米，剩余的吸管依次增长1厘米（见图9-55）。

图9-55　测量吸管长度

（2）将剪好的吸管用热熔胶枪从短到长依次黏合在一起，下端在同一水平线上（见图9-56）。

图9-56 从短到长黏合吸管

（3）将橡皮泥搓成7个大小一致的小圆球，使其能够塞进吸管里（见图9-57）。

图9-57 搓出橡皮泥小圆球

（4）用小圆球将排笛高低不同的每一根吸管口封住，不能漏气（见图9-58）。

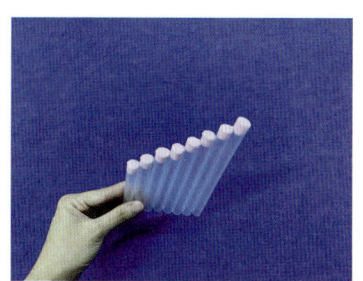

图9-58 封住排笛一端管口

（5）用热熔胶枪在排笛的正反面贴上彩色卡纸，装饰排笛（见图9-59）。

图9-59 彩色卡纸装饰排笛

图 9-60　蝴蝶结装饰

（6）用热熔胶枪将蝴蝶结粘在卡纸上，装饰排笛（见图 9-60）。

图 9-61　制作完成的玩教具

（7）完整制作好的"吸管排笛"玩教具（见图 9-61）。

5. 玩法介绍

（1）幼儿自由探索吹奏吸管排笛的方法，探索和感受通过不同方向、距离、力度吹排笛时音色的不同（见图 9-62）。

图 9-62　游戏中的幼儿

（2）教师可为大班幼儿提供简单的乐谱，引导幼儿吹奏排笛。

6. 注意事项

（1）应选择安全无毒、硬度适宜的吸管，制作时需要进行专门消毒。

（2）应注意排笛的清洁和卫生，在每一名幼儿结束游戏后，要对排笛的吹口进行酒精消毒。

7. 其他制作

（1）可制作三音排笛、五音排笛，降低幼儿操作的难度。

（2）在条件有限的情况下，可以用竹筒、硬纸筒等代替吸管。

案例八　变色龙的新衣

1. 设计分析

随着观察能力与动手能力的发展，简单的观察和绘画已经不能满足幼儿的需要，而创作是增强幼儿动手能力的有效途径。"变色龙的新衣"玩教具以幼儿感兴趣的小动物——"变色龙"为载体，结合实际的生活经验，以抽动画册的动手方式，吸引幼儿参与游戏、探索玩教具的热情。幼儿在游戏中能够体验到美术的乐趣，并通过亲自设计变色龙的新衣，增强动手、绘画能力和想象力。

2. 适用年龄

5—6岁。

3. 材料准备

（1）主要材料：白色卡纸、彩色笔、过胶膜、KT板等。

图9-63　制作材料以及工具

（2）辅助工具：铅笔、勾线笔、小胶带、泡沫胶、美工剪刀、刻刀等（见图9-63）。

4. 制作方法

（1）制作变色龙板。取合适大小的白色卡纸，画出变色龙图案，用刻刀刻出外轮廓后过塑备用（见图9-64）。

图9-64　刻好的变色龙轮廓

图 9-65　刻好的边框

（2）取两张大小相同的 KT 板（大小与过塑好的变色龙相同），将其中一张 KT 板刻成宽度约 1 厘米的边框（见图 9-65）。

图 9-66　KT 板与变色龙粘贴

（3）取另一张与边框大小一致的完整 KT 板，将其黏合在变色龙的后面（见图 9-66）。

图 9-67　粘贴好后有缝隙

（4）在边框的一面贴双面胶，将变色龙的正面与边框进行黏合，然后在边框上贴厚泡沫胶，使边框与完整的 KT 板形成有缝隙的变色龙画框（见图 9-67）。

图 9-68　用透明胶粘贴画纸

（5）制作画册。量出可通过变色龙画框空隙的宽度，裁剪若干张尺寸略小于画框的白色画纸，并用透明胶将多张画纸连接，成为一幅长长的画卷，然后将长画卷按照变色龙画框的长度进行折叠，做成画册（见图 9-68）。

（6）在画册的每一页上画喜欢的图案，或涂上喜欢的颜色，并画出一个封面（见图 9-69）。

图 9-69　画好的图形

（7）完整制作好的"变色龙的新衣"玩教具（见图 9-70）。

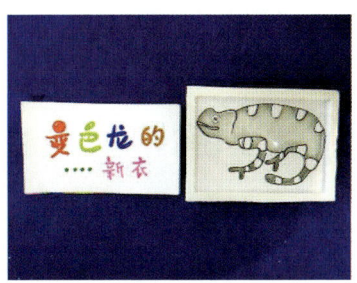

图 9-70　制作完成的玩教具

5. 玩法介绍

（1）玩法一：幼儿将画册从变色龙画框的中间穿过，变色龙的身上会出现各种各样的"新衣"（见图 9-71）。

图 9-71　游戏中的幼儿

（2）玩法二：幼儿可在画册的空白处添加喜欢的图案，为变色龙设计"新衣"。

6. 注意事项

当用泡沫胶粘贴两张 KT 板时，要注意泡沫胶要有一定的厚度，使两张板之间有足够大的缝隙，可使画册顺利通过。

7. 其他制作

（1）可制作多本画册和空白画册，以增加玩教具的多样性及幼儿持续游戏的兴趣。

（2）可引导幼儿将"变色龙的新衣"玩教具拿到自然环境下，观察"新衣"的图案并绘画。

本章小结

艺术是幼儿表达自己的重要方式，他们对事物的感受和理解不同于成人，由此可以窥见每名幼儿丰富又奇妙的内心世界。本章中陈述了艺术领域的内涵及目标，主要以"感受与欣赏""表现与创造"两个方面来设计和制作玩教具。在幼儿的艺术学习中，教师示范与幼儿自主创作常常是令教师感到两难的困境，而艺术领域玩教具可以为教师打开思路。幼儿可以与艺术环境、材料进行互动，发挥自主性和创造性，呈现出独一无二的艺术创作。

本章思考

1. 教师独自或以小组为单位，选择"感受与欣赏""表现与创造"中的一方面，设计一份玩教具，写出设计方案并制作。

2. 诊断和分析班级内陈列的各种艺术作品或者幼儿新学的乐曲，思考哪些作品的创作过程或艺术元素可以进一步优化为幼儿感兴趣的艺术领域玩教具。

后　记

　　中国共产党第十九次全国代表大会报告提出"幼有所育、学有所教"。2020年8月,《中共中央国务院关于支持深圳建设中国特色社会主义先行示范区的意见》发布。结合该文件,深圳市提出了"幼有善育、学有优教"。深圳市光明区教育局为打造学前教育高质量的"光明样板",与深圳市属优质公办园合作办学,借力市属公办园的优质教育资源,创建一批优质的公办示范园。深圳市光明区科裕幼儿园在此背景下产生,成为深圳市莲花二村幼儿园集团化办园的一所成员园。

　　深圳市莲花二村幼儿园课程成果——《幼儿个别化学习的"支架式"课程体系的研究与建设》,曾在2017年荣获广东省教育教学成果(基础教育类)一等奖,其中支持幼儿全面且个性发展的区域材料成为课程的一道亮丽风景。之后,莲花二村幼儿园基于区域材料设计撰写了系列书籍,其中包括《幼儿园区域活动——环境创设与活动设计方法》《幼儿园区域活动材料丛书》(六册)。该系列书籍自出版发行后,引起了强烈的社会反响,其通俗易懂、深入浅出、极具实用性的内容深受广大一线教师喜爱,也获得了幼儿教育专家及同行的一致好评。以往的书籍中更多地侧重于总结莲花二村课程中高结构材料的设计与制作,但实际上,在莲花二村的课程体系中还蕴含着大量低结构或无结构的玩教具。而由于种种原因,这些低结构或无结构材料的设计与制作方法,尚未进行系统的梳理、总结。

　　2020年下半年,中国轻工业出版社"万千教育"编辑部吴红主任多次与我们沟通,邀请我们总结幼儿园课程中低结构或无结构玩教具设计与制作的经验。在吴红主任的引导、支持与鼓励下,我们萌发了进一步总结课程、传递优质经验、为学前教育事业奉献微薄之力的意念。在动心总结之时,深圳市莲花二村幼儿园正处于重建时期,而此时光明区科裕幼儿园的课程在传承莲花课程的基础上,不断创新、突破,形成了独具特色的课程体系。特别是在玩教具创新设计与制作方面，科裕幼儿园结合时代需要和幼儿发展需求，制作出了大量更开放、更具创造性的玩教具。基于此，我们将本书的撰写工作交付于深圳市光明区科裕幼儿园。

深圳市光明区科裕幼儿园在接到任务后，借助于莲花二村幼儿园及莲花幼教集团的力量，组成精英团队，开始对园所玩教具设计与制作的经验和路径进行梳理，并结合时代和幼儿的需要开展相关教研、培训，探索玩教具设计与制作的新范式、新思路。本书凝聚了总园专家与集团园教师的智慧与心血。前期，由何红漫、卓瑞燕、王微丽进行了本书框架的搭建，何红漫与卓瑞燕进行了框架的修改与完善。在此基础上，本书第一章至第三章的理论篇由舒慧、谭璐、邱丞骏、温娜、敬贞、卓瑞燕、何红漫等七位教师完成撰写；第四章至第九章的实践篇由戴文婷、饶映灵、边涟漪、陈铃钰、廖东妮、朱文静、敬贞、刘微、丘锐珍、詹根茹、陈彩霞、侯瑞琴、李慧萍、杨润琪、朱敏婕、叶欣欣、刘嫦婷、赵祎琳、刘新花、谭燕、何红漫、谭璐等多位教师完成撰写。全书写作过程中的组织协调工作由戴文婷、何红漫完成。全书理论篇的修改由舒慧、何红漫完成，实践篇的修改由谭璐、何红漫完成。全书最后由何红漫、卓瑞燕两位教师共同定稿。

本书的完成得益于中国轻工业出版社"万千教育"编辑部吴红主任的全程指引与支持、光明区各级领导的指导与支持、深圳市莲花幼教集团的帮助与扶持、光明区科裕幼儿园全体教职工的默默付出。他们的无私奉献使本书得以付梓，在此一并表示感谢！最后，由于水平所限，本书必定存在不足之处，恳请各位读者批评指正。

何红漫、戴文婷
2022 年 4 月

参考文献

［1］陈茶丽.民国时期儿童玩具业研究［D］.长沙：湖南师范大学，2016.

［2］陈鹤琴.儿童心理之研究（卷上）［M］.上海：商务印书馆，1925.

［3］陈济芸.玩具与教育［M］.上海：商务印书馆，1933.

［4］胡谊.教育心理学：理论与实践的整合观［M］.上海：华东师范大学出版社，2009.

［5］黄洁，石利.民间游戏对儿童社会性发展的教育价值及实现策略［J］.齐齐哈尔师范高等专科学校学报，2021（5）.

［6］李柳.浅谈如何在角色游戏中促进大班幼儿的社会性发展［J］.中国校外教育，2014（29）.

［7］李宁.浅析色彩在儿童产品中的应用［D］.北京：北京服装学院，2010.

［8］刘婷.智能建构设计——玩教具设计新理念［D］.南京：南京师范大学，2013.

［9］刘焱.儿童游戏通论［M］.北京：北京师范大学出版社，2008.

［10］刘焱.幼儿园自制玩教具活动的意义、指导思想和评价标准［J］.学前教育研究，2017（9）.

［11］倪宝诚.另类童话：玩具［M］.上海：上海文艺出版社，2002.

［12］续润笑.幼儿自制玩教具研究［D］.南京：南京师范大学，2014.

［13］邹雪.解自由组合定律试题的快捷方法——分解组合法［J］.教育界，2011（7）.

学前教育类书目

书号	书名	著、译者	定价(元)
幼儿园区域活动指导			
3055	幼儿园自主性区域活动	贾尼丝·J.贝蒂 著 邱学青 等 译	88.00
2645	幼儿园户外创造性游戏与学习（全彩）	露丝·威尔逊 著 陈欢 译	58.00
2644	幼儿园户外探索与学习（全彩）	露丝·威尔逊 著 邹海瑞 廖宁燕 等 译	48.00
1935	幼儿园户外环境创设与活动指导（全彩）	董旭花 等 著	72.00
2604	儿童视角的幼儿园班级环境创设（全彩）	桑德拉·邓肯 等 著 马燕 马希武 译	62.00
2598	幼儿园艺术区材料设计与评价（全彩）	王微丽 霍力岩 主编	60.00
2103	幼儿园社会区材料设计与评价（全彩）	王微丽 霍力岩 主编	60.00
1950	幼儿园科学区材料设计与评价（全彩）	王微丽 霍力岩 主编	60.00
1951	幼儿园生活区材料设计与评价（全彩）	王微丽 霍力岩 主编	60.00
1782	幼儿园数学区材料设计与评价（全彩）	王微丽 霍力岩 主编	60.00
1800	幼儿园语言区材料设计与评价（全彩）	王微丽 霍力岩 主编	60.00
9613	幼儿园区域活动 ——环境创设与活动设计方法（全彩）	王微丽 主编	60.00
9149	小区域，大学问 ——幼儿园区域环境创设与活动指导	董旭花 等 著	30.00
9548	幼儿园创造性游戏区域活动指导 （角色区·建构区·表演区）	董旭花 等 编著	32.00

9549	幼儿园自主性学习区域活动指导（生活操作区·美工区·益智区·科学区）	董旭花 等 编著	35.00
0156	幼儿园区域活动现场指导艺术 ——透视38个区域故事	董旭花 等 著	38.00
9134	如何有效实施幼儿园主题性区域活动	秦元东 等 著	24.00
7937	幼儿园科学区（室） 科学探索活动指导117例	董旭花 主编	28.00
幼儿园区域活动指导系列合计			935.00
幼儿园游戏指导			
3724	做做玩玩学科学 ——幼儿园科学探究性游戏	董旭花 等 著	72.00
3302	自主游戏 ——成就幼儿快乐而有意义的童年	董旭花 等 著	88.00
3097	儿童发起的游戏和学习	安妮·伍兹 等 著 叶小红 译	58.00
1305	以游戏为中心的幼儿园课程（第六版）	朱迪斯·范霍恩 等 著 史明洁 等 译	82.00
1261	幼儿教育课程 ——一种创造性游戏模式（第四版）	卡罗尔·E.卡特伦 等 著 李敏谊 等 译	82.00
0758	幼儿园自主游戏观察与记录 ——从游戏故事中发现儿童（全彩）	董旭花 等 著	58.00
1563	幼儿园创造性游戏 ——环境创设与活动指导	安·巴伯 著 王连江 译	32.00
1797	幼儿园游戏指导方法与实例 ——游戏自主性的视角	秦元东 等 著	45.00
0676	幼儿园室内外建构游戏指导	邵爱红 主编	36.00
幼儿园游戏指导系列合计			553.00

……
欲了解更多图书信息，请登录：www.wqedu.com
联系地址：北京市西城区三里河路6号院2号楼213室　**万千教育**（邮编：100044）
咨询电话：010-65181109，65262933

*本目录定价如有错误或变动，以实际出书为准。